古典文獻研究輯刊

三三編

潘美月・杜潔祥 主編

第8冊

上海博物館藏上海方志敘錄（下）

陳 才 編著

國家圖書館出版品預行編目資料

上海博物館藏上海方志敘錄（下）／陳才 編著 -- 初版 -- 新
北市：花木蘭文化事業有限公司，2021〔民110〕

目 4+170 面；19×26 公分

（古典文獻研究輯刊 三三編；第 8 冊）

ISBN 978-986-518-624-1（精裝）

1. 方志 2. 研究考訂 3. 上海市

011.08   110012074

ISBN-978-986-518-624-1

9 789865 186241

古典文獻研究輯刊
三三編 第 八 冊   ISBN：978-986-518-624-1

上海博物館藏上海方志敘錄（下）

編　　著　陳　才
主　　編　潘美月、杜潔祥
總 編 輯　杜潔祥
副總編輯　楊嘉樂
編　　輯　許郁翎、張雅淋、潘玟靜　美術編輯　陳逸婷
出　　版　花木蘭文化事業有限公司
發 行 人　高小娟
聯絡地址　235 新北市中和區中安街七二號十三樓
　　　　　電話：02-2923-1455／傳真：02-2923-1452
網　　址　http://www.huamulan.tw 信箱 service@huamulans.com
印　　刷　普羅文化出版廣告事業
初　　版　2021 年 9 月
全書字數　258237 字
定　　價　三三編 36 冊（精裝）台幣 90,000 元　　版權所有‧請勿翻印

上海博物館藏上海方志敘錄（下）

陳才　編著

目次

第八節　奉賢縣縣志

奉賢，始置縣於清雍正四年（1726）。清雍正二年（1724），兩江總督查弼納以蘇松大縣難治，奏請析華亭縣東南境白沙鄉和雲間鄉置奉賢縣。三年（1725），核准。四年，正式分治，隸蘇松道松江府。

奉賢縣於清乾隆十八年（1753）始修志，即李治灝和吳高埈等修、王應奎和宋禹鼺等纂〔乾隆〕《奉賢縣志》十卷首一卷，清乾隆二十三年（1758）刻本。是志據《松江府志》和《華亭縣志》，並加以增補，有三十七目、三附目，體例尚不夠完善。其後，有韓佩金修、張文虎等纂〔光緒〕《重修奉賢縣志》二十卷首一卷末一卷，清光緒四年（1878）刻本；奉賢縣文獻委員會編〔民國〕《奉賢縣志稿》，存卷一至三，成書當在民國三十七年（1948）。此外還有裴晃編〔宣統〕《奉賢鄉土地理》不分卷，清宣統元年（1909）奉賢肇文學校鉛印本；裴晃編〔宣統〕《奉賢鄉土歷史》不分卷，清宣統二年（1910）奉賢肇文學校鉛印本；朱醒華、胡家驥編〔民國〕《奉賢縣鄉土志》，分歷史、地理、物產三編，民國十四年（1925）鉛印本。

上海博物館圖書館藏奉賢縣志一種二部：〔光緒〕《重修奉賢縣志》二部。

一、〔光緒〕重修奉賢縣志

（一）清光緒刻本重修奉賢縣志　　807.2／30

〔光緒〕《重修奉賢縣志》二十卷首一卷末一卷，清韓佩金修，張文虎等纂。清光緒四年（1878）刻本。6冊。半葉10行，行22字，小字雙行同。白口，左右雙邊，單魚尾。版心上鐫「重修奉賢縣志」，中鐫卷次及卷名，下鐫頁碼及目名。書高24.5釐米，寬15.4釐米，框高19.2釐米，寬14釐米。版心題名「奉賢縣志」。有牌記「光緒四年季秋志書局開雕」。首有清光緒四年五月沈葆楨《重修奉賢縣志序》、光緒四年二月吳元炳《重修奉賢縣志序》、光緒四年五月勒方錡《重修奉賢縣志序》、光緒四年正月劉瑞芬《重修奉賢縣志序》、光緒三年（1877）九月韓佩金《重修奉賢縣志序》、凡例、銜名、目錄、圖說（奉賢縣全境圖、奉賢縣水利總圖、奉賢縣東南水利圖、奉賢縣東北水利圖、奉賢縣西南水利圖、奉賢縣西北水利圖、奉賢縣城圖、奉賢縣署圖、文廟學宮圖、先賢言子祠圖、武廟圖、城隍廟圖、肇文書院圖、文遊書院圖），末有原序（清乾隆十九年〔1754〕陳祖範序、乾隆十九年十月李治灝序、乾隆二十年〔1755〕三月涂擴序、乾隆二十一年〔1756〕閏九月周隆謙

序、乾隆二十二年〔1757〕十月牟朝宜序、乾隆二十三年〔1758〕五月張旟序、乾隆二十三年五月吳高埈序）。

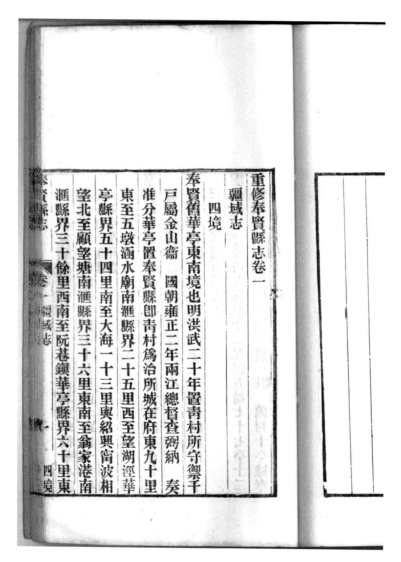

韓佩金（1816～1888），字亞琴，浙江蕭山人，同治元年（1862）、七年（1868）、光緒三年（1877）三任奉賢知縣，頗有政聲。張文虎（1808～1885），字孟彪，又字嘯山，自號天目山樵，南匯人，諸生，《清史稿》有傳。同治中入曾國藩幕，保候選訓導，後任職於金陵官書局。著《古今樂律考》、《史記索引正義集解校勘札記》、《舒藝室隨筆》、《舒藝室詩存》、《湖樓校書記》等。

沈葆楨序曰：「奉賢縣相傳以言子得名，謂言子嘗至其地，邑人相與奉之也。言子述聖人之言曰：『君子學道則愛人，小人學道則易使也。』其時，言子宰武城，耳斯言也。宰天下之道，豈外是哉？夫愛人非僅煦嫗噢咻之謂，拔稂去莠，以衛嘉穀，愛之至也。風草之機，捷於影響，上盡其道，則下致其情。民知上愛我如是，其不能逕致而又必委曲以成之也。乃莫不感發其固有之良，尊君親長，即上所望於民者，而胥勉之。以此宰天下，烏有不治者，況一邑耶？言子一履其地，邑之人稱道弗衰，且引而名之以為重。好德之心如是，其不可以也。然則宰是邑者，苟克盡夫為上之道，民之奉之者，又當何如也？光緒三年秋，奉賢重修縣志成，邑令韓君佩金以序請，余即其得名之義引申之，以告宰是邑者。光緒戊寅夏五，督兩江使者侯官沈葆楨謹序。」

吳元炳序曰：「奉賢縣，舊華亭東南境。明洪武間置青村所，守禦千戶，屬金山衛。雍正四年，析華亭之半置奉賢縣，因青村堡之舊為治所，東南兩面逼近海塘，西至柘林界，迤邐而南，北至南匯，又稍折而東，繡壤相錯，廣袤百里。乾隆二十年，知縣涂擴因華亭舊志搜採潤色，創纂志書，疆域、建置、物產、民風，犁然各具，迄今百載，志板久燬，又遭粵寇之亂，典籍淪湮，老成宿學零落殆盡。當事者苦蒐討之難，顧於難為功者而補苴之，掇拾之，亦舉廢者所亟亟焉，不遑終日焉。茲牧令韓佩金以所成書二十卷，請為序。竊嘉其十餘年來，有志纂修，而今得與邦人士樂觀其成也。是為序。光緒四年歲次戊寅春二月，撫吳使者吳元炳謹序。」

勒方錡序曰：「奉賢舊為青村堡，隸華亭。明洪武時，置守禦千戶，屬金山衛。嘉靖間，築城備倭，設重鎮焉。國朝雍正四年，析華亭置為縣，因堡城之舊，增墉濬濠，遂建縣治。乾隆二十年，知縣涂公擴取華亭舊志，創纂志書，疆域、建置、物產、民風，犁然各具，迄今又百餘年矣。兵燹之後，疆域如故也，建志如故也，而物產、民風有不能無今昔之殊者。奉賢地多產棉，道光間，棉值昂貴，每擔率十數緡，今且不及十之三四。小民終歲勤動，無所獲利。海塘以外之地，向歸兩浙鹽場，青村場產鹽最旺，近則浙商不至，鹽無銷路，課稅不充，竈戶亦困。此物產之利，今不如昔也。松江為人文薈萃之區，奉賢先達如黃石牧、陳桂堂、朱半畦諸先生，皆卓然為一方之望。近今以來，未有起而繼之者，蓋自遭烽火，閭閻離散，《詩》、《書》之澤，不能及遠。每歲科試，士恒不足三百人，幾於十取一焉。成名愈易而學

愈難，士風之降，民風之憂也。是在有以振興之、鼓舞之耳。孔子有言，曰富，曰教，二者治道之大源也。奉賢之得名者，相傳言子嘗至斯地，為奉言子之賢也。言子述孔子之言，曰：君子學道則愛人，小人學道則易使。所願守此土者，即此二語深加意焉。其於治道，不有本原乎？志書之修也，始事於同治九年庚午，蕆事於光緒三年丁丑，凡為書二十卷。知縣事者為韓君佩金。書既成，請序於方錡，因述其都較如此。光緒四年歲次戊寅夏五月，護理江蘇巡撫布政使司勒方錡謹序。」

劉瑞芬序曰：「昔人有言，修史之難，無出於志。邑志猶史志也。私家撰述以網羅該備為難，官纂之書則成之非一人之手，雜收歧出，漏略尤多。或任事者先後更代，意見各殊，憑臆傳訛，見譏大雅，求其盡善難，蓋難之又難。近代志書，若康對山之《武功》、陸清獻之《靈壽》，著錄家多為推許。然或專重藝文，或博收金石，宗尚不一，無以厭徵文考獻之心。則名為官書，亦一家之言而已。奉賢舊隸華亭，明嘉靖間，築城備倭，名青邨堡。國朝雍正四年，析華亭之地，因村堡之城建立縣治，未有專志。至乾隆二十年，邑令涂君擴因華亭舊志參稽增訂，犁然成書，而百餘年來無有踵其事者。粵寇之亂，老成掌故，蕩焉無存。蓋修舉之難，視他邑為尤甚矣。韓君佩金今宰是邑，前此兩權縣事，嘗有事纂修，久而未集。今大中丞吳公將重修江南通志，既以縣志屬縣，復檄太守龔君壽圖董松江一府之成。韓君奉承嘉命，幸墜典之將舉，因舊緒之可尋，遂復禮延儒生，薈萃文藝，泐為成書，釐卷二十。將付剞劂，問序於余。余繙誦大略，則義例之精審、類目之賅洽，凡雜收歧出、憑臆傳訛之病，庶幾免矣，而兵食教養、官政民俗，犖犖大者，今昔變易之跡，時會盛衰之原，秩然臚陳，如指諸掌。此自來官書所難能。即質之古之專家，何多讓焉？夫凡事之成，均有其時，而人事之至，則際會亦相因而相需。《奉賢縣志》自涂君創舉，嗣響寂然，此百餘年中昇平樂利、文物修明，考訂之易，視今倍蓰。徒以官其地者，視如傳舍，不復措意，上無提倡之實，下鮮同志之助，遂使名邦文獻，幾就湮沉。今乃於瘡痍甫復之餘，事勢變遷之後，參互同異，掇拾叢殘，事雖難於前修，而業乃懋於曩典。是皆我中丞公修廢舉墜之盛心，任賢使能，太守龔君通才兼綜，而韓君乃得藉手以竟前志，俾同官者亦樂觀厥成也。雖曰時會之適然，將所謂人存政舉者，豈不信哉？豈不信哉？光緒四年戊寅正月，布政使司銜、署理蘇松太兵備道海關監督貴池劉瑞芬序。」

韓佩金序曰：「穆宗毅皇帝即位之元年，官兵克復奉賢二閱月，佩金奉憲檄，攝篆青村。時軍務初平，民物彫敝，諸廢繼舉，勉強經營。邑人士來見者咸謂，奉邑於雍正四年分縣，乾隆二十年初纂志書，迄今已逾百載，不即搜羅散失，闕佚彌多。予心韙之，而經費維艱，未遑興辦，心滋歉焉。閱四年戊辰，予復承乏此間，言者逾眾。竊念修志以采訪事蹟為最要，百年之久，中更兵燹，誠慮老成凋謝，文獻無徵，因擇紳士之熟事故、勤蒐討者，授以舊志門類，俾各就聞見，據事直書。初僅二十餘人，而城鄉略備，期無遺濫而已。會予以瓜期再至，受代去。又八年丁丑，復蒙補授斯缺，至則采訪者已有成編，而分纂、參校者未經蕆事。他如水利、鹽法之未確，人物、姓字之或譌，端緒紛繁，猝難編定。方是時，大憲將修省志，蘇、松等郡皆委員駐局督催，勢不可緩。佩金因與在事諸君子約以半歲為期。諸君子亦復昕夕從事，不辭勞勩，幸於九月告成。事雖繁，述其常也，惟念辛酉粵賊之變，士民之殉義、閨閣之捐軀、廟宇官署之毀而復建、城鄉市鎮之變易舊觀，此分縣以來未有之變也。松人苦賦重久矣，自明以來，垂五百年。我朝列聖屢議蠲減，穆宗毅皇帝奉兩宮皇太后懿旨，特許減賦數十萬石，而奉邑亦得分別科則，仰沐恩施，尤為曠古難覯致遭。觀於士庶之秉義不撓，仰答君父者如彼；國家之因時制宜，惠養黎庶又如此。然則都人士宜如何守身學道，蔚為國華，而官斯土者宜如何律己奉公、黽勉職事也乎？夫志者，志往所以勸來。佩金既以自勉，尤有厚望於來茲云。光緒三年歲次丁丑九月下浣，知奉賢縣事蕭山韓佩金撰。」

「其時風氣尚未大開，本書居然闢分野之謬而削去之，此蓋文虎通西學之故也。其他賦役、水利等篇亦極精詳，而雜志篇錄存故實尤夥。」〔註33〕是志有十五門，八十一目。卷一疆域志，有四境、區圖、市鎮、橋樑、津渡五目；卷二建置志，有城池、官署、倉廩、公所、鋪遞（附）五目；卷三賦役志，有田數額徵、雜辦、解支起存、雜稅、漕運、均田均役、戶口、請豁田地、鹽法（附）九目；卷四水利志，有川港、開濬、海塘（附）三目；卷五學校志，有文廟、學署、學額、學田、書院、賓興、義塾、社學、鄉約（附）九目；卷六祠祀志，有壇廟、諸祠、宗祠（附）三目；卷七官司志，有有司、鹽司、儒學、政績四目；卷八營汛志，有營制、營官、兵額、馬數、軍餉、汛地六目；卷九選舉志，有科第、武科、例仕、贈蔭四目；卷十至十三人物志，有仕績、

<hr>

〔註33〕瞿宣穎：《方志考稿》甲集第六編，第 27 頁。

儒林、文苑、忠義、孝友、行誼、隱逸、藝術、流寓九目；卷十四至十六列女傳，有節孝、節義、苦節、貞節、節烈、貞孝、烈女、才媛、壽母（附）九目；卷十七藝文志，有經部、史部、子部、集部四目；卷十八遺跡志，有古蹟、第宅園林、坊表、冢墓、義冢（附）五目；卷十九風土志，有風俗、物產二目；卷二十雜志，有方外、災祥、兵燹、遺事四目。

《中國地方志聯合目錄》、《中國地方志總目提要》著錄，《中國古籍總目》著錄，《上海地方志簡目》、《上海方志資料考錄》、《上海方志提要》、《上海方志通考》著錄。

有《中國方志叢書》影印本，臺灣成文出版社，1970 年出版；又有《中國地方志集成·上海府縣志輯》影印本，上海書店，1991 年出版。有占旭東點校本，收入《上海府縣舊志叢書·奉賢縣卷》，上海古籍出版社，2009 年出版。

除上海博物館圖書館外，中國國家圖書館、中國民族圖書館、首都圖書館、天津圖書館、遼寧省圖書館、吉林省圖書館、貴州省圖書館、蘇州圖書館、寧波市圖書館、溫州市圖書館、嘉興市圖書館、臨海市圖書館、重慶市北碚圖書館、北京大學圖書館、清華大學圖書館、北京師範大學圖書館、復旦大學圖書館、華東師範大學圖書館、南開大學圖書館、遼寧大學圖書館、蘇州大學圖書館、揚州大學圖書館、安徽師範大學圖書館、陝西師範大學圖書館、新疆大學圖書館、中國科學院圖書館、中國國家博物館、故宮博物院圖書館、南京博物院、上海辭書出版社、湖南省社會科學院圖書館、「中研院」史語所圖書館、臺灣師範大學圖書館、孫中山紀念圖書館、臺灣「交通部門」檔案室、日本國會圖書館、靜嘉堂文庫、東洋文庫、大阪府立中之島圖書館、京都大學人文科學研究所、山口大學圖書館、美國國會圖書館、哈佛大學哈佛燕京圖書館、哥倫比亞大學圖書館、芝加哥大學圖書館等收藏。

（二）又一部　清光緒刻本重修奉賢縣志　807.2／30：1

〔光緒〕《重修奉賢縣志》二十卷首一卷末一卷，清韓佩金修，張文虎等纂。清光緒四年（1878）刻本。6 冊。半葉 10 行，行 22 字，小字雙行同。白口，左右雙邊，單魚尾。版心上鐫「重修奉賢縣志」，中鐫卷次及卷名，下鐫頁碼及目名。書高 24.5 釐米，寬 15.4 釐米，框高 19.2 釐米，寬 14 釐米。版心題名「奉賢縣志」。有牌記「光緒四年季秋志書局開雕」。首有清光緒四年五月沈葆楨《重修奉賢縣志序》、光緒四年二月吳元炳《重修奉賢縣志序》、

光緒四年五月勒方錡《重修奉賢縣志序》、光緒四年正月劉瑞芬《重修奉賢縣志序》、光緒三年（1877）九月韓佩金《重修奉賢縣志序》、凡例、銜名、目錄、圖說（奉賢縣全境圖、奉賢縣水利總圖、奉賢縣東南水利圖、奉賢縣東北水利圖、奉賢縣西南水利圖、奉賢縣西北水利圖、奉賢縣城圖、奉賢縣署圖、文廟學宮圖、先賢言子祠圖、武廟圖、城隍廟圖、肇文書院圖、文遊書院圖），末有原序（清乾隆十九年〔1754〕陳祖範序、乾隆十九年十月李治灝序、乾隆二十年〔1755〕三月涂擴序、乾隆二十一年〔1756〕閏九月周隆謙序、乾隆二十二年〔1757〕十月牟朝宜序、乾隆二十三年〔1758〕五月張旗序、乾隆二十三年五月吳高埈序）。

第九節　南匯縣縣志

南匯，清雍正二年（1724）兩江總督查納弼上疏請將上海縣長人鄉及下沙鹽場劃出分建。雍正四年（1726）正式建縣，縣治在南江城，屬松江府。民國元年（1912），南匯縣隸江蘇省滬海道。

南匯修志，始自清雍正年間。最早的南匯方志是清欽璉修、顧成天和顧昌纂〔雍正〕《分建南匯縣志》十六卷首一卷，清雍正十三年（1735）年刻本。此志據朱之屏《鶴沙志》、蔣思永《新分南匯縣志稿》及《上海縣志》增補而成。乾隆八年（1743），邑人陸學淵纂《南匯縣副志》，對欽志「補苴罅漏，考證謬謬」（〔光緒〕《南匯縣志》勒方錡序語）。此後南匯修志日繁，有胡志熊修、吳省欽等纂〔乾隆〕《南匯縣新志》十五卷首一卷，清乾隆五十八年（1793）年刻本，佚名纂〔同治〕《南匯縣新志稿》，舊鈔本，又有民國十六年（1927）鉛印本；金福曾和顧思賢修、張文虎等纂〔光緒〕《南匯縣志》二十二卷首一卷末一卷，清光緒五年（1879）刻本；嚴偉和劉芷芬修、秦錫田纂〔民國〕《南匯縣續志》二十二卷首一卷，民國十八年（1929）刻本。此外還有顧成天撰〔雍正〕《南匯縣志分目原稿》，清雍正十二年（1734）刻本；秦榮光《光緒南匯縣志札記》二卷，清光緒年間稿本。

上海博物館圖書館藏南匯縣志二種八部：〔光緒〕《南匯縣志》四部，〔民國〕《南匯縣續志》四部。

一、〔光緒〕南匯縣志

（一）清光緒刻本南匯縣志　807.2 / 36：3

〔光緒〕《南匯縣志》二十二卷首一卷末一卷，金福曾、顧思賢修，張文虎等纂。清光緒五年（1879）刻本。12 冊。半葉 11 行，行 22 字，小字雙行同。白口，左右雙邊，單魚尾。版心上鑴「南匯縣志」，中鑴卷次及卷名，下鑴頁碼。書高 24.1 釐米，寬 15.4 釐米，框高 19.3 釐米，寬 14 釐米。卷端題名為「光緒南匯縣志」，內封題名為「重修南匯縣圖志」。有牌記「光緒五年春開雕，板藏署東積穀倉」。首有清光緒四年（1878）五月沈葆楨《南匯縣新志序》、光緒四年二月吳元炳《南匯縣新志序》、光緒四年六月勒方錡《南匯縣新志序》、光緒四年正月劉瑞芬《南匯縣新志序》、光緒五年三月顧思賢《南匯縣志序》、光緒五年十一月金福曾《南匯縣新志序》、凡例、目錄、諸圖（全境圖、各保區邑圖、水利圖、縣城圖、學校圖、縣署圖、書院圖、積穀倉圖、

墩汛圖）。末有舊序（欽連序、清雍正八年〔1730〕十月姚之珂序、雍正十二年〔1734〕欽連敘、雍正八年十二月顧成天序，清乾隆五十八年〔1793〕八月姚左垣序、乾隆五十八年八月胡志熊序）。

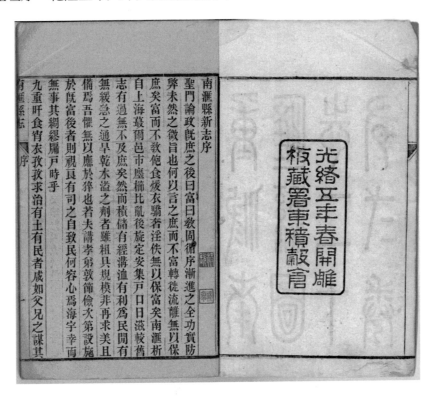

金福曾（1828～1892），字苕人，浙江秀水人，廩貢生，頗有政聲，官直隸永定河道，贈內閣學士。清同治十二年（1873）任南匯知縣。顧思賢，字希堯，一字竹城，廣東新興人，舉人，歷任長洲、昭文等縣知縣。清同治十三年（1874）至光緒元年（1875）、光緒元年（1875）至四年（1878）、光緒八年（1882）至九年（1883）三任南匯知縣。張文虎（1808～1885），見前。

沈葆楨序曰：「聖門論政，既庶之後，曰富，曰教。固循序漸進之全功，實防弊未然之微旨也。何以言之？庶而不富，轉徙流離，無以保庶矣。富而不教，飽食暖衣，驕奢淫佚，無以保富矣。南匯析自上海，蕞爾邑，市廛櫛比，亂後旋定安集，戶口日滋，較舊志有過無不及，庶矣。然而積儲有經，溝洫有利，為民間有無緩急之通，旱乾水溢之劑者，雖粗具規模，非再求美且備焉。吾懼無以應於猝也。若夫講孝悌，敦節儉，次第設施，於既富後者，則視良有司之自致民何容心焉？海宇幸而無事，其綢繆牖戶時乎？九重旰食宵

衣，孜孜求治，有土有民者咸知父兄之謀，其子弟庶無戾聖門論證之旨，而朝廷以身作則，為不虛矣。續修縣志成，邑令顧君思賢亦序請，為書數語進，顧君且以自勵也。光緒戊寅夏五，督江使者侯官沈葆楨謹敘。」

吳元炳序曰：「南匯縣於雍正四年析自上海，大海環其東南，潮汐所至，於此回瀾，南派入浙江，北派入大江，故名。非特東南一郡之屏障，實亦江浙海防之要衝，地勢如犁狀突出洋面。長興欽公首宰是邑，以分邑應有專志，得朱之屏《鶴沙志》及蔣思永《分縣志》而纂輯之，是南邑有志之始。旋有陸學淵《副志》，乾隆五十九年孝感胡志熊繼之。迄今八十餘年，典章日軼，大懼文獻之無徵，爰命牧令顧思賢延邑人士之誠愨多識者重加修輯，次第成編。其間田賦之乘除、營制之改革、禹筴之短長、建置興復之紛繁，犁然咸備。至其條例，頗為精審，如田畝、場圍、蘆洲、屯田，自宜列於田賦，而不隸於疆域；學校以示尊崇，不可隸於建設；人物不專科第，自應別為選舉。其他圖志，或增或併，亦屬秩有條理，庶幾欽、胡二志不得專美於前，亦余實事求是之心也夫。光緒四年歲次戊寅春二月，撫吳使者吳元炳謹序。」

勒方錡序曰：「南匯以雍正二年割上海分建，時長興欽公連首宰是邑，因據《上海志》、《鶴沙志》成《縣志》十六卷。旋有陸公學淵著《副志》，以補苴罅漏，考證譌謬。厥後乾隆五十有九年，孝感胡公志熊宰是邑，因欽志之舊而續修之，成《新志》十五卷，事增文減，頗為完善，迄今八十年矣。中經兵燹，書缺有間，時事遷流，因革不一。若田賦，若營制，若鹽法，若水利，若農桑、學校、市廛、倉廩，以及備荒、恤孤諸舉，皆王政之所發施，而良有司所宜時時留意，非可以苟焉忽焉已也。邑境右臨浦江，左瀕大海，海底盡鐵板沙，巨艦不得深入，有濠塘可資拒守，非如上海、寶山之瞬息揚帆，直薄城下也。境內新場鎮左右最為沃壤，餘地半多斥鹵，舊時下沙、大團頗饒鹽筴，今土脈漸淡，煮海之利，蓋稍微矣。今幸大難削平，百廢漸舉，而民困甫蘇，元氣未復，更宜何如勵精淬神，究心利病耶？同治十有三年，知縣事者為秀水金公福曾，實始有事於修志，聘邑人士分類集修，延張訓導文虎總之，未幾而中丞固始吳公有續修江南通志之舉。檄下郡縣，各事采輯。於時新興顧公思賢復繼金公為南匯令，因詳加審訂，次第成編，藏事於光緒三年某月。夫志者，識也。識大識小，俾後世有可稽考也。二君子者，固皆能勵精淬神，究心利病者耶？抑亦深可嘉也。是為序。光緒戊寅六月，江蘇布政使勒方錡謹序。」

　　劉瑞芬序曰：「南匯民風樸素，未分縣以前，風土之紀、人物之志闕如也。字自雍正四年析上海東南境為縣，長興欽君首宰是邑，因朱氏《鶴沙志》備蔣氏《分縣志稿》成《分建南匯縣志》十六卷。厥後，孝感胡君志熊重加采輯，為《新志》十五卷，距欽志之作已六十年。私家著述，視昔尤稀，文獻之徵，君子嗛焉。同治十三年春，秀水金君福曾權知是邑，則距胡氏修志已八十年。上溯欽志且百四十年。歷時彌久，又洊遭兵亂。舊聞墜典，放軼滋甚，懼紀述之無徵，思典型之尚在，乃請於大府，有事修輯，延張嘯山先生總司其事。張先生名文虎，本邑人，耆德宿學，於鄉里聞見，尤極該洽。金君亦好古不怠，網羅蒐輯，端緒漸興。未幾，金君謝事去，而新興顧君思賢實來。君久官江蘇，咸豐間，嘗宰奉賢縣，與南匯縣接壤。張先生昔年亦通雅，故相與蹠事增訂，賞析異同。會大中丞吳公有續修通志之舉，既飭各屬先成縣志，復以松江一府命太守龔君壽圖董其成。龔君奄有三長，大雅宏達君子也，於是官師皆一時之選。閱歲未久，書用告成，將付剞劂，顧君屬序於余。自維譾陋，曷足以贊一辭？顧受其書而讀之，見賦役之乘除，營制之因革，學校、壇廟、建置之宜，水利、鹽課旺衰之跡，以至藝文之著錄、人物之表彰，犁然秩然，既美既備，而義例之善、史裁之卓，尤有足為志乘法者。洵乎江淹有言，非老於典故者不能為善作善成。諸賢適會，非偶然矣，抑余重有慨焉。南匯析自上海，俗尚未變，城市民居亦知重農務本，而上海自通市舶，侈蕩奇麗，甲於天下。一浦東西之隔，風尚截然，其初固一縣也。詢之故老，三四十年前，雖商賈輻輳，市廛之間，猶未至以華囂相耀。考其民俗，實與南邑相類。及今而究遷流之故，思挽救之方，所謂一命以上，與有責焉者也。然則讀是編也，豈惟是考獻徵文，為掌故之資而已哉？光緒四年戊寅正月，布政使銜、署理蘇松太兵備道海關監督貴池劉瑞芬序。」

　　顧思賢序曰：「按籍以為治，可乎？不可也。去籍以為治，可乎？愈不可也。余於咸豐初筮仕江蘇，惟時洪逆陷金陵，而隸於蘇州布政司者，惟上海為別賊竊據二年，其他固無恙也。余每至一官，取縣志讀之，溯其成書，或百餘年，或數十年，閱時不為不久，然惟人物、選舉、藝文，或有增益，有待采輯而已。及寇氛蔓延，迄今戡亂，兵、農、學校諸大政，大府數鉅公乘時通變，經營酌劑，復數載而後定。而民居土俗，消息盈虛，即十餘年中，余所及見，多有改易。證之前志，乃邈焉如古初志不可復接。蓋時與勢之不同如此。南匯分自上海，長興欽君連首膺是選，始纂邑志。閱六十年，而孝感胡君志熊

繼之，暨今又八十年矣。同治間，前署令秀水金君福曾有志修輯，邑之紳士詢謀僉同，遂延邑張學博文虎為總纂，條例既舉，而金君遷任去。予適補官，會大中丞吳公以通志之役命太守龔公監督松郡，乃討論文獻，商略一是，首尾五載，薈萃略定，因復檢舊志而校證之，則減漕而後，歲賦殊矣；水師新設，營制異矣。學官弟子之額屢加，斥鹵沙塗之地日徙，舉舉大者，損益已多，而河渠之通塞，鄉鎮之盛衰，穀倉、桑園、善堂、義塾之建置，昔所以因，今所以革，條分綱舉，粲然畢陳，後之覽者庶幾考信而不惑矣。顧嘗以為典章制度因時而變者也，風俗人心不必因時而變者也。南匯在蘇、松間，號為易治。兵亂以前，余兩權奉賢，壤地相接。聞父老言，南匯風土樸直，尚氣好勝。在昔分縣之際，武勇著於州郡，然士知正誼，農不惰安，工不為奇麗，商罕遠賈，類能勤業而知務本。近數十年亦稍稍變矣。今余來茲五年，幸相安無事。間接士紳，肫然相親。惟鄉愚細故輕赴訟庭，徒為吏役之利。余每速聽而立結之，俾免此曹之劫持。雀鼠之爭，其少息乎？夫有樸直之風而勤業務本，樂善崇義，則尚氣好勝，適以成其志，余於此邦有厚望焉，而豈徒屑屑焉鉤稽簿書，參考掌故為哉？是為序。光緒五年己卯三月，知府用知南匯縣事新興顧思賢撰。」

　　金福曾序曰：「松郡七邑，惟南匯為東鄙，俗樸而民儉，號稱富庶。同治十有二年，福曾承乏此邦，撫治之餘，察其人情風土與其衣食根本，殊異於所聞。接其士紳，講求利敝所在，僉謂固由匪擾之後，元氣未復。而今昔情形，亦有不知其何為，而遷變者，乃索觀其志乘。欽志作於分縣之始，胡志作於乾隆之末，相去幾六十年，而兩志所紀，已有不同。自胡志至此，又八十年矣，宜其不能盡合也。時憲行有飭屬修志之舉，以言於諸君，則以為宜商諸張學博嘯山，乃馳書金陵，介錢京卿子密致之。學博以年老且書局事不得解為辭。是冬，暫假歸，福曾亟訪之，仍固辭，往復再三，福曾責以桑梓之誼，且眾議皆同，成否一言耳。學博不得已，乃諾。福曾請先為條例，學博因歷數修志之難與其敝，畫一其所以為志者。福曾上之撫軍張公，公韙之，諭如所陳，乃設局署之積穀倉。福曾間問學博曰：『志事二年可竣乎？』學博笑曰：『三四年慮猶未也。夫采輯故錄，則文獻散佚；搜訪新聞，則舟輿跋涉。盛暑雨雪，人情所畏；水利通塞，歲有變更。且彼任事者，孰無室家妻子之累？或且授徒餬口，焉得子身無事之人而任之？且一人之耳目有限，不得不求助於人，而助之者豈必皆諦審其實？道聽塗說，言人人殊，是在分纂者之折衷一

是。而今所定條例，或不能無變通增減，蓋有已登梨棗而猶需刊改者，豈渠能急就乎？」福曾觀欽志，條例為顧小厓侍講所定，經修七八年始刊行，而議者紛然。學博言殆非謬。是時同治十三年之春也。及秋，福曾調署吳江，新興顧君竹城來補斯缺，歲軌五周矣。顧君知此事之不可以促迫也，寬以待之。福曾頻年奉檄振飢豫、晉，日在車塵馬跡間，蒿目驚心，慘慘靡樂，忽接諸君書，言志事以蔵，不可無序，則為之一喜。雖然，福曾何以序此志哉？邑之情形與修之條例具於志，無事贅述，姑述當日議修志緣起於此。抑有所急欲為邑之人告者。豫、晉皆雄省，其俗視江浙尤為儉樸，乃棄其稼穡而驚罌粟之利，溺於蠱毒而不返，天降之罰，以至道殣相望，餓莩枕藉，而煩東南之助振。夫南邑之富庶非一日，而今且日衰，蓋亦熟計其所以變遷之故，鑒於覆轍，為七邑倡，而洊復當日之盛。此福曾於數千里外所惓惓不能忘於是邑者也。光緒五年歲次己卯冬月，嘉興金福曾識。」

　　是志「有章氏《永清志》之風」，取材謹嚴，頗「能矯俗」，「然寺觀僧道概入方外志已屬不倫，乃並天主教堂亦列於此」〔註34〕，則名實相違。是志有十六門，九十四目。卷一疆域志，有形勢、界址、鄉保區圖、邑鎮（附街巷）、團路五目；卷二水利志，有海、洪窪、海塘、黃浦、川港、開濬、橋樑、津渡八目；卷三建置志，有城池、萬壽宮、衙署、倉廒、禁獄、郵鋪、桑局、義舉、義田（附會館）、義冢十目；卷四至五田賦志，有恩蠲、田畝賦額（運解存支各款）、鹽場（附鹽灶、鹽引）、蘆蕩、漕運、屯田、雜稅、積穀八目；卷六戶口志，有戶口、恩賚、恩賑、義賑四目；卷七學校志，有學宮、學額、學田、學院（田畝各公費）、鄉約、鄉飲、義塾七目；卷八祠祀志，有壇、廟、祠、雜祀廟宇四目；卷九兵防志，有南匯營舊制、兵額、馬匹、巡船、南匯營、外海水師新章（附柘林營移管轄）、校場、汛地、墩臺九目；卷十官司志，有知縣、訓導、縣丞、典吏、鹽課大使、參將、都司、守備、外海水師營員、宦績十目；卷十一選舉志，有召試、欽賜、辟薦、進士、舉人、貢生、武科、錄蔭、封贈、例仕十目；卷十二藝文志，有經、史、子、集、金石五目；卷十三至十八人物志，有古今人傳、列女、遊寓三目；卷十九名蹟志，有坊表、第宅園林、古蹟、冢墓四目。卷二十風俗志，有風俗、物產二目；卷二十一方外志，有寺院（附博羅德祠）、僧道二目；卷二十二雜志，有祥異、兵燹、遺事三目。

〔註34〕瞿宣穎：《方志考稿》甲集第六編，第32頁。

　　清秦榮光撰《光緒南匯縣志札記》二卷〔註35〕，以糾是志之失。

　　此本前四冊每冊首葉鈐「洪欽」白文方印、「祝齋」朱文方印；後八冊有墨筆、朱筆圈點，封面鈐「秦封」橢圓印。

　　《中國地方志聯合目錄》、《中國地方志總目提要》著錄，《中國古籍總目》著錄，《上海地方志簡目》、《上海方志資料考錄》、《上海方志提要》、《上海方志通考》著錄。

　　有《中國方志叢書》影印本，臺灣成文出版社，1970 年出版；又有《中國地方志集成・上海府縣志輯》影印本，上海書店出版社，1991 年出版。有何立民點校本，收入《上海府縣舊志叢書・南匯縣卷》，上海古籍出版社，2009年出版。

　　除上海博物館圖書館外，中國國家圖書館、中國民族圖書館、首都圖書館、天津圖書館、山西省圖書館、遼寧省圖書館、吉林省圖書館、湖南圖書館、重慶圖書館、陝西省圖書館、青海省圖書館、成都圖書館、蘇州圖書館、重慶北碚圖書館、北京大學圖書館、清華大學圖書館、北京師範大學圖書館、南開大學圖書館、天津師範大學圖書館、復旦大學圖書館、華東師範大學圖書館、首都師範大學圖書館、蘇州大學圖書館、安徽師範大學圖書館、暨南大學圖書館、西北師範大學圖書館、中國國家博物館、南京博物院、上海辭書出版社、湖南省社會科學院圖書館、河南省社科院圖書館、「中研院」史語所圖書館、孫中山紀念圖書館、臺灣「內政部門」圖書館、日本國會圖書館、東洋文庫、東京大學東洋文化研究所、京都大學人文科學研究所、美國國會圖書館等收藏。

（二）又一部　清光緒刻本南匯縣志　807.2 / 36：2

　　〔光緒〕《南匯縣志》二十二卷首一卷末一卷，金福曾、顧思賢修，張文虎等纂。清光緒五年（1879）刻本。1 函 11 冊，存二十一卷首一卷末一卷（卷首、卷一至十六、十八至二十二、卷末）。半葉 11 行，行 22 字，小字雙行同。白口，左右雙邊，單魚尾。版心上鎸「南匯縣志」，中鎸卷次及卷名，下鎸頁碼。書高 24.1 釐米，寬 15.4 釐米，框高 19.3 釐米，寬 14 釐米。卷端題名為「光緒南匯縣志」，版心題名為「南匯縣志」，內封題名為「重修南匯縣圖志」。有牌記「光緒五年春開雕，板藏署東積穀倉」。首有清光緒四年（1878）五月

〔註35〕多以為《光緒南匯縣志札記》為六卷，實誤。參閱許洪新：《〈中國地方志聯合目錄〉上海部分校讀記》，《上海地方志》，1994 年第 4 期。

沈葆楨《南匯縣新志序》、光緒四年二月吳元炳《南匯縣新志序》、光緒四年
六月勒方錡《南匯縣新志序》、光緒四年正月劉瑞芬《南匯縣新志序》、光緒
五年三月顧思賢《南匯縣志序》、光緒五年十一月金福曾《南匯縣新志序》、
凡例、目錄、諸圖（全境圖、各保區邑圖、水利圖、縣城圖、學校圖、縣署
圖、書院圖、積穀倉圖、墩汛圖）。末有舊序（欽連序、清雍正八年十月姚之
珂序、雍正十二年〔1734〕欽連敘、雍正八年〔1730〕十二月顧成天序，清乾
隆五十八年〔1793〕八月姚左垣序、乾隆五十八年八月胡志熊序）。

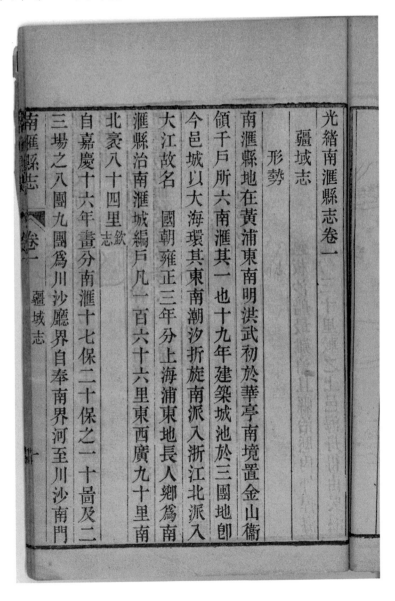

（三）又一部　清光緒刻民國十六年重印本南匯縣志　807.2／36

〔光緒〕《南匯縣志》二十二卷首一卷末一卷，金福曾、顧思賢修，張文虎等纂。民國十六年（1927）重印本。12冊。半葉11行，行22字，小字雙行同。白口，左右雙邊，單魚尾。版心上鎸「南匯縣志」，中鎸卷次及卷名，下鎸頁碼。書高24.1釐米，寬15.4釐米，框高19.3釐米，寬14釐米。卷端題名為「光緒南匯縣志」，書衣題名同，版心題名為「南匯縣志」，內封題名為「重修南匯縣圖志」。原牌記「光緒五年春開雕，板藏署東積穀倉」旁有「民國十六年冬重印」。首有清光緒四年（1878）五月沈葆楨《南匯縣新志序》、光緒四年二月吳元炳《南匯縣新志序》、光緒四年六月勒方錡《南匯縣新志序》、光緒四年正月劉瑞芬《南匯縣新志序》、光緒五年三月顧思賢《南匯縣志序》、光緒五年十一月金福曾《南匯縣新志序》、凡例、目錄、諸圖（全境圖、各保區邑圖、水利圖、縣城圖、學校圖、縣署圖、書院圖、積穀倉圖、墩汛圖）。末有舊序（欽連序、清雍正八年〔1730〕十月姚之珂序、雍正十二年〔1734〕夏欽連敘、雍正八年〔1730〕十二月顧成天序，清乾隆五十八年〔1793〕八月姚左垣序、乾隆五十八年八月胡志熊序）。

《中國地方志聯合目錄》未著錄是版。哈佛大學哈佛燕京圖書館亦收藏是版。

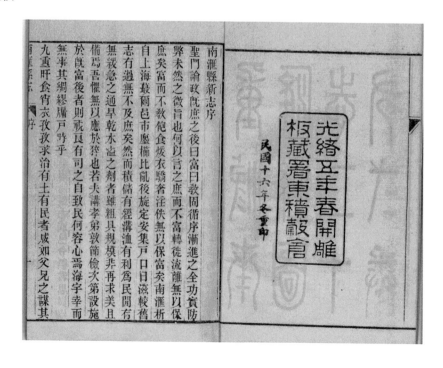

（四）又一部　清光緒刻民國十八年重印本南匯縣志　807.2／36：1

〔光緒〕《南匯縣志》二十二卷首一卷末一卷，金福曾、顧思賢修，張文虎等纂。民國十八年（1929）重印本。12冊。半葉11行，行22字，小字雙行同。白口，左右雙邊，單魚尾。版心上鎸「南匯縣志」，中鎸卷次及卷名，下鎸頁碼。書高24.8釐米，寬15.3釐米，框高19.3釐米，寬14釐米。卷端題名為「光緒南匯縣志」，版心題名為「南匯縣志」，內封題名為「重修南匯縣圖志」。原牌記「光緒五年春開雕，板藏署東積穀倉」旁有「民國十八年冬月重印」。首有清光緒四年（1878）五月沈葆楨《南匯縣新志序》、光緒四年二月吳元炳《南匯縣新志序》、光緒四年六月勒方錡《南匯縣新志序》、光緒四年正月劉瑞芬《南匯縣新志序》、光緒五年三月顧思賢《南匯縣志序》、光緒五年十一月金福曾《南匯縣新志序》、凡例、目錄、諸圖（全境圖、各保區邑圖、水利圖、縣城圖、學校圖、縣署圖、書院圖、積穀倉圖、墩汛圖）。末有舊序（欽連序、清雍正八年〔1730〕十月姚之珂序、雍正十二年〔1734〕欽連敍、雍正八年〔1730〕十二月顧成天序，清乾隆五十八年〔1793〕五月姚左垣序、乾隆五十八年五月胡志熊序）。

此本每冊首葉鈐「浦東同鄉會藏書之章」朱文方印。

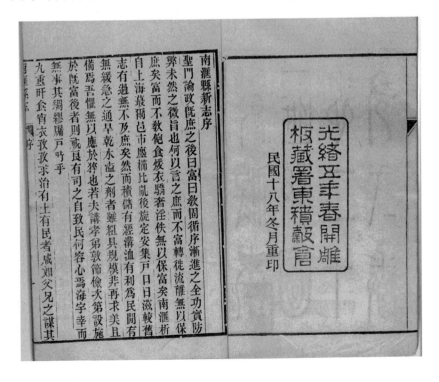

二、〔民國〕南匯縣續志

（一）民國刻本南匯縣續志　807.2 / 81

　　〔民國〕《南匯縣續志》二十二卷首一卷，嚴偉、劉芷芬修，秦錫田纂。民國十八年（1929）刻本。8 冊。半葉 11 行，行 22 字，小字雙行同。白口，四周雙邊，單魚尾。版心上鐫「南匯縣續志」，中鐫卷次及卷名，下鐫頁碼。

書高 24.7 釐米，寬 15.6 釐米，框高 19.2 釐米，寬 13.6 釐米。內封題名為「續修南匯縣圖志」。有牌記「民國十七年秋開雕，板藏署東義倉」。首有民國十八年五月嚴偉《南匯縣續志序》、民國十八年九月秦錫田《南匯縣續志序》、凡例、題名、目錄、圖（南匯縣總圖、南匯縣海境圖、城廂圖、十九鄉鎮圖各一幅）。

嚴偉（1881～1969），字覺之，號嚴山，江蘇儀徵人。歷官無錫、南匯、溫嶺、合肥等縣知事或縣長、江蘇省長秘書、財政部秘書等，其中 1913～1914 年任南匯縣知事。著《政本書》、《嚴山文牘》、《嚴山詩集》、《嚴偉自訂年譜》等。劉芷芬，廣東梅縣人，早年加入同盟會，參加黃花崗起義、武昌起義。民國時期歷任任南京臨時政府總統府秘書、國會參議院議員等。1927～1928 年任南匯縣長。秦錫田（1861～1940），字君谷，號硯畦，晚號適庵，上海人，舉人，官至內閣中書。熱心地方教育事業，著《補晉書王侯表》、《補晉書異姓封爵表》、《補晉書僭國年表》、《晉書補注》、《松江水利說》、《享帚錄》、《享帚續錄》、《上海掌故錄》等。

嚴偉序曰：「共和紀元之第二年，歲在癸丑，孟冬之月，余承符知南匯縣事。習聞邑父老顧君旬侯忠宣、秦君亮臣始基、朱君子瀟祥紱之賢，過從甚驩。時顧君門人黃君祉安報廷長縣議會，徐君耐冰守清任縣視學，而唐君松盦其寅則助秦君於地方財政處，習普濟堂事，并有賢名。余官南匯纔一年，報罷，顧、秦、朱三君則始終參預地方政務，為士民所信仰。初，縣參議兩會議決續修縣志，余甚韙之，以黃君月波炳奎及顧君年最高，凡諸興革，靡不通曉，延主修志局事。黃、顧兩君卒，繼之者為祉安、耐冰，其後松庵主普濟堂，以堂產糾紛，時來告余，因知志局諸君之賢。志之成有日，為嘉慰者久之。抑縣之有志，疆域、戶口、城防、學校，必詳必盡固已；官斯土者有治績，紀以名宦；生斯土者有令譽，紀以鄉賢。余守官日淺，教不行而令不立，食祿者期年，幾無一善可紀。志之成，祉安、耐冰、松盦三者不以余為庸俗之吏，徵序於余。庸詎知余下筆序此書時，當汗流浹背耶？志仿《松江府續志》，起前清光緒四年，斷至宣統三年，為二十二卷。圖志視舊志頗有增損，則政治變遷為之也。志創於顧君，而成於祉安之手。有其師必有其弟，故樂為序其緣起如此。紀元十八年五月，前知南匯縣事儀徵嚴偉序。」

秦錫田序曰：「民國四年三月，余分修《上海縣續志》，南匯朱君子瀟以修志事來商，且徵求纂輯之人才。余曰：『修志之難，不在於纂輯，而在於

采訪。采訪不得人，則捨精華而拾糟粕，冗雜猥瑣，無所取裁。間有一事可錄而原委混淆，先後倒置。問之訪員，訪員置之不答，或答非所問，或答而不詳，終至刪其成稿，不能記載。譬之飲食：采訪者，選置物品也；纂輯者，調和鼎鼐也。山珍海錯，精美鮮潔，膳夫和以五味，自堪適口。若其肉腐魚敗，雖有易牙，無所措手。故體例之不完密，文辭之不雅馴，纂者之咎也。至於事實之乖舛，典章之疏漏，毀譽之顛倒，咎不盡在纂者焉。南邑採訪伊始，必求其諳悉志例，兼擅史才，勤於諮詢，熟於掌故，如鄉先輩于充甫、顧秋巖兩明經者，庶幾去取悉當，垂信將來。』朱君深以為然。於時南邑籌備修志，聘黃丈月波、顧丈旬侯為主任。黃丈旋歸道山，顧丈獨任其事。十二年八月，修志局成立，顧丈延余蒞局，與分纂諸君議定分類編輯。乃披閱訪稿，則搜羅未備，采擇未精，不能倉卒下筆，復議推舉訪查員重加裒集，未一年而齊盧構釁，風鶴驚心，不遑鉛槧。又年餘，而顧丈作古，人亡政息，業將中輟。十六年七月，邑人士公推黃君祉安繼任志事。黃君知訪稿之不詳不備，猶乎四年前之狀態也，爰周歷鄉曲，以廣見聞，徧搜案牘，以備稽考。分纂諸君亦知采訪之不足恃也，不憚繁瑣，四出調查，若馬君荻生之疆域、顧君鐵生之建置、盛君希伯之田賦、徐君耐冰之學校、葉君貞柏之物產、王君季昆之列女傳，皆淬精屬神，周諮博訪，隨得隨錄，以底於成。明年六月，屬稿已具，復集闔邑耆碩，公同審核。八月開始鏤板，又一年而剞劂工竣。蓋自開局至今，已歷六載，而此六載之中，人事之變遷，政體之改革，紛紜擾攘，杌隉不安。以視同光間之運際中興，修文偃武，從容暇豫，安心著述者，其情狀固不相同，而吾人之學問文章，又未能抗希先哲，則續貂之誚，其奚能免？余與志事相始終，而有感乎諸君子之熱心毅力，慎始圖終，又致恫乎黃、顧二丈之不及見也。爰掇其顛末而為之序。中國民國十有八年九月，上海秦錫田。」

是志始修於民國十二年（1923）八月，稿成於民國十七年（1928）六月，仿《松江府續志》例，每卷後附補遺考證，體例則沿襲光緒邑志，有十七門，一百零七目。卷一疆域志，有形勢、界址、團甲、邑鎮、團路五目；卷二水利志，有海、沿海洪窪、海塘、川港、開濬、橋樑、津渡七目；卷三建置志，分城池、萬壽宮、衙署、倉廒、禁獄、郵鋪、桑局（附商會）、義舉、義田（附會館）、義冢十目；卷四田賦志，有蠲賦、田畝、賦額（運解存支各款）、鹽場、蘆蕩、漕運、雜稅、積穀、雜捐九目；卷五戶口志，有戶口、恩賚、官

賑、義賑四目；卷六至七學校志，有學宮、學額、學田、書院、義塾、勸學所、學會、初等小學堂、高等小學堂（附兩等小學堂）、中等學堂、女學堂暨蒙養院、教會學堂十二目；卷八祠祀志，有壇、廟、祠、雜祀廟宇、宗祠五目；卷九兵防志，有兵制、汛地（附墩臺考證）、弓兵、海防、防兵、徵兵、漁團、民團、商團（附保商會所）、清鄉、警務十一目；卷十官司志，有知縣、訓導、縣丞、典史、三林莊巡檢、下沙頭場鹽課大使、二三場鹽課大使、柘林營都司、柘林營分駐川沙城守千總、宦績十目；卷十一選舉志，有辟薦、進士、舉人、貢生、學校畢業生、科第（附重遊泮水）、武進士、武舉人、封贈、錄蔭、例仕、武職十二目；卷十二藝文志，有經、史、子、集四目；卷十三至十六人物志，有統傳、列女上、列女下、遊寓四目；卷十七名蹟志，有坊表、第宅園林、古蹟、冢墓四目；卷十八至二十風俗志，有風俗、物產上、物產下三目；卷二十一方外志，有寺院、教堂、僧道三目；卷二十二雜志，有祥異、兵燹、遺事三目。

是志斷限，起清光緒四年（1878），迄清宣統三年（1911）九月。

此本書根有一至八之序號。

《中國地方志聯合目錄》、《中國地方志總目提要》著錄，《中國古籍總目》著錄，《上海地方志簡目》、《上海方志資料考錄》、《上海方志提要》、《上海方志通考》著錄。

有《中國方志叢書》影印本，臺灣成文出版社，1983年出版；又有《中國地方志集成·上海府縣志輯》影印本，上海書店出版社，1991年出版。有何立民點校本，收入《上海府縣舊志叢書·南匯縣卷》，上海古籍出版社，2009年版。

除上海博物館圖書館外，中國國家圖書館、中國民族圖書館、首都圖書館、上海圖書館、天津圖書館、南京圖書館、中山圖書館、甘肅省圖書館、吉林省圖書館、浙江省圖書館、湖北省圖書館、無錫圖書館、揚州圖書館、北京大學圖書館、北京師範大學圖書館、中央民族大學圖書館、復旦大學圖書館、華東師範大學圖書館、南京大學圖書館、鄭州大學圖書館、暨南大學圖書館、安徽大學圖書館、安徽師範大學圖書館、福建師範大學圖書館、武漢大學圖書館、中國科學院圖書館、南京博物院、上海辭書出版社、湖南省社會科學院圖書館、孫中山紀念圖書館、臺灣「內政部門」圖書館、日本國會圖書館、美國國會圖書館等藏。

（二）又一部　民國刻本南匯縣續志　807.2／81：1

〔民國〕《南匯縣續志》二十二卷首一卷，嚴偉、劉芷芬修，秦錫田纂。民國十八年（1929）刻本。8冊。半葉11行，行22字，小字雙行同。白口，四周雙邊，單魚尾。版心上鐫「南匯縣續志」，中鐫卷次及卷名，下鐫頁碼。書高24.7釐米，寬15.6釐米，框高19.2釐米，寬13.6釐米。內封題名為「續修南匯縣圖志」。有牌記「民國十七年秋開雕，板藏署東義倉」。首有民國十八年五月嚴偉《南匯縣續志序》、民國十八年九月秦錫田《南匯縣續志序》、凡例、題名、目錄、圖（南匯縣總圖、南匯縣海境圖、城廂圖、十九鄉鎮圖各一幅）。

（三）又一部　〔民國〕《南匯縣續志》二十二卷首一卷　807.2 /
　　81：2

　　〔民國〕《南匯縣續志》二十二卷首一卷，嚴偉、劉芷芬修，秦錫田纂。
民國十八年（1929）刻本。8 冊。半葉 11 行，行 22 字，小字雙行同。白口，
四周雙邊，單魚尾。版心上鐫「南匯縣續志」，中鐫卷次及卷名，下鐫頁碼。
書高 24.7 釐米，寬 15.6 釐米，框高 19.2 釐米，寬 13.6 釐米。內封題名為「續
修南匯縣圖志」。有牌記「民國十七年秋開雕，板藏署東義倉」。首有民國十
八年五月嚴偉《南匯縣續志序》、民國十八年九月秦錫田《南匯縣續志序》、
凡例、題名、目錄、圖（南匯縣總圖、南匯縣海境圖、城廂圖、十九鄉鎮圖各
一幅）。

　　此本卷端葉鈐「張長庚」白文方印。

（四）又一部　〔民國〕《南匯縣續志》二十二卷首一卷　807.2／
81：3

〔民國〕《南匯縣續志》二十二卷首一卷，嚴偉、劉芷芬修，秦錫田纂。
民國十八年（1929）刻本。8冊。半葉11行，行22字，小字雙行同。白口，
四周雙邊，單魚尾。版心上鐫「南匯縣續志」，中鐫卷次及卷名，下鐫頁碼。
書高24.7釐米，寬15.6釐米，框高19.2釐米，寬13.6釐米。內封題名為「續
修南匯縣圖志」。有牌記「民國十七年秋開雕，板藏署東義倉」。首有民國十
八年五月嚴偉《南匯縣續志序》、民國十八年九月秦錫田《南匯縣續志序》、
凡例、題名、目錄、圖（南匯縣總圖、南匯縣海境圖、城廂圖、十九鄉鎮圖各
一幅）。

此本書根有十三至二十之序號。

第十節　金山衛志、縣志

　　金山，明洪武十九年（1386）始於華亭縣南境小官鎮築城置衛。清雍正四年（1726），析婁縣胥浦鄉及風涇、集賢、修竹、仙山四鄉部分建金山縣，設治於金山衛城，隸江蘇布政使司松江府。咸豐十年（1860）至同治二年（1863），太平天國時期，改稱金珊縣，隸蘇福省松江郡。同治三年（1864），太平軍敗，恢復舊建置。

　　金山之有志，始自明正德年間。最早的金山方志是明張奎修、夏有文等纂〔正德〕《金山衛志》六卷，明正德十二年（1517）刻本。此刻本孤本今僅存於中國國家圖書館，另有鈔本三部藏上海圖書館，而通行本則為民國二十一年（1932）上海傳真社影明正德本。此外還有〔乾隆〕《金山縣志》二十卷首一卷，清常琬修、焦以敬等纂，清乾隆十七年（1752）刻本，又有民國十八年（1929）影清乾隆本；〔咸豐〕《金山縣志稿》，錢熙泰等纂，清咸豐年間稿本；〔光緒〕《金山縣志》三十卷首一卷，龔寶琦和崔廷鏞修、黃厚本等纂，清光緒四年（1878）刻本。此外還有姚光纂〔民國〕《金山藝文志》；〔民國〕《金山輿地志》；高燮《金山縣志修志體例商榷書》，民國間鉛印本。

　　上海博物館圖書館藏金山方志二種五部：〔正德〕《金山衛志》影印本一部，〔光緒〕《金山縣志》四部。

一、〔正德〕金山衛志（影印本）

（一）民國影印本明正德金山衛志　　807.2 / 218

　　〔正德〕《金山衛志》六卷，明張奎修，夏有文等纂，附沈淮校記一卷。民國二十一年（1932）年傳真社影印明正德十二年（1517）本，為《松江府屬舊志二種》之一。4冊。半葉8行，行18字，小字雙行同。白口，四周單邊，雙魚尾。版心中記卷次，下記頁碼。有牌記「傳真社景印明正德刻本」。書高26.3釐米，寬15.6釐米，框高16.8釐米，寬11.7釐米。首有明正德十二年七月王鏊《金山衛志序》、凡例、目錄、地圖，末有明正德十二年正月張奎《金山衛志後序》、正德十一年（1516）五月夏有文《跋金山衛志後》，及民國二十一年（1932）八月姚光《正德金山衛志跋》，後又有民國二十一年九月陳乃乾《正德金山衛志校記》一卷。

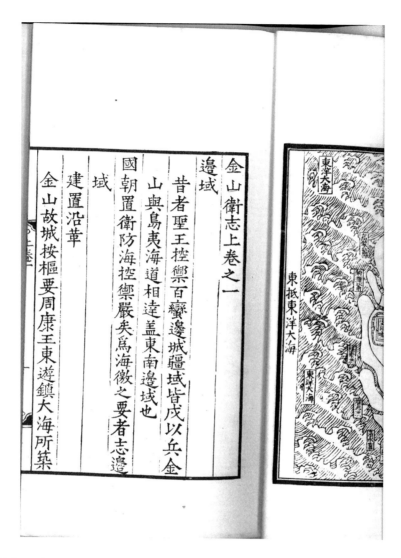

張奎，字延仁，官浙江都司都指揮僉事，明正德十年（1515）任金山衛總兵。夏有文，字文昌，號白衣山人，浙江仁和人，舉人，明弘治十二年（1499）任高郵州儒學訓導。著《大學衍義補義》。

王鏊序曰：「國家武備之設，西北最要，東南若無事焉。然而海島諸夷，乘潮出沒，濱海之民，時被毒螫。國初蓋嘗患之，因命安慶侯即華亭之篠館築城置戍。城成，隱然與海中金山相直，故名金山衛。世傳周康王東游，築城鎮海，其後宋武帝、吳越王鏐亦嘗城於茲。其地東南際大海，西抵浙之海寧，北抵吳淞江，而襟帶淮揚諸郡。朝命揚州等處備倭總兵，每駐節焉。自宣德至今，百餘年間，島夷晏然，雖巨盜間作，旋亦授首，非以守禦得人故耶？正

德十年，張君文光以都指揮僉事來蒞其任，久之，政平盜息，乃曰：『今郡縣莫不有志，衛乃獨無。茲衛為東南巨郡，事多可書，而世無聞焉。使後世有杞宋無徵之歎，吾恥之。』乃咨詢故老，蒐輯異聞，得遺事若干，以授其客，彙為六卷。予得而閱之，則古今沿革，與城池之繕廢、場堡之廣狹、烽堠之疎密、儲偫之虧盈、行伍之贏縮、戈甲之犀鈍、操閱之勤惰、屯田之蕪墾、將校之賢否勇怯，皆可考而知。則斯志也，謂為無益，可乎？後之為政者，於斯蓋將有徵焉。文光脩武事，而能汲汲於文，可謂知所重矣。予故為序諸首。正德丁丑秋七月，光祿大夫、柱國、少傅兼太子太傅、戶部尚書、武英殿大學士賜告王鏊序。」〔註36〕

張奎跋曰：「正德乙亥歲，繆蒙皇上簡命，督理揚州等處沿海地方，駐劄金山衛城。承乏重地，敢不夙夜惕若，仰答聖明？往即捍外修內，一遵制諭，不暇他顧。第念金山一衛，為東南海城要衝，志尚缺而未備，傳聞有窮，今何所傳而後何所考耶？其衛治風俗之略，固嘗附《松江府志》，而未專備一隅，似未足為金山勸懲之典。一日，進官屬與語。指揮西靖者曰：『在昔總督郭公，曾以事委致事教諭陳瑛，創稿尚存焉。』予喜而取視，且慨人心之有同也。但其中載具，繁簡不一，陳之勤心亦可尚矣，惜乎創而未就。予因聘吾浙前高郵司訓夏君文昌主其事，參以致仕司訓王君孟文、徐君克仁，則分任其勞，閱數月而告成。尤未敢輕率，復聘華亭上舍沈君東之校正。茲將壽梓以永其傳，費不勞於下也。僉謂予宜序諸後。予惟是志之成，所以紀實也。若人若事，詳略直書而備載，不以愛憎文飾以枉其實。使後之啟是冊者，知城堡之所以當建，某也忠，某也孝，某也節，某何為而獨詳，某何為而見略。省躬反己，不無自檢而自律，庶有補於風化之萬一也。異日秉史筆、類統誌而公去取者，亦未必無少助，故書以為序。正德丁丑孟春之吉，昭勇將軍浙江都司都指揮僉事張奎識。」

夏有文跋曰：「余昔在高郵儒學署教事，獻策於朝，謝病歸。今年春，余適有洞庭之遊，過金山，訪總督張君，款留，冀余纂修《金山衛志》。余自諒氣偏學淺，弗克副托，辭。君出衛主西君家藏陳靜齋志草一帙，俾余作胚粕。又延致政王、徐兩儒官，時來輔導。館余萬壽僧院，日餽餉，歷三月乃成編。嗚呼，志豈易為哉？必有直筆，而後可勝厥任。然筆之直者，起於心之直也。

〔註36〕是序底本已有殘損，前後文字均有佚失，茲據謝輝點校本《金山衛志》（上海古籍出版社，2014年）予以補足。

心直而後筆直,筆直然後事得其真、載得其實。心之德,其盛矣乎!心之所由直者有二焉:一原於氣稟之和,二由於學力之到。兩者兼得,然後身在堂上,可以辯堂下人之曲直是非不謬,而人無所非。不然,物議紛紛,有如毛蝟,遺笑當時,稱譏後世,可畏之甚乎!嘗聞靜齋志草起自總督郭君,求其所撰者,惟是草本,頗類《左氏春秋》。君故付諸歎息而束之高閣,邇來三十五年餘矣。雖然,使余不有靜齋摭拾草本於前,何以得事物之詳?不有王、徐兩儒官言多可信,何以質見聞之實?則余何所藉以竊取大義於取捨間哉?三先生之起予亦博矣。嗟夫!天地間物各有主。茲志也,郭君欲成之而弗能,越三十五年,乃成於張君之手,豈偶然之故哉?數之窮,理之極也,神物必合於一矣。余深有所感焉,故書此跋於志尾。正德十一年歲在丙子五月幾望,浙舉人、署高郵州儒學教事杭仁和白衣山人夏有文謹識。」

是志「志武制也」(本志沈淮《目錄》),係據陳瑛舊稿,諮詢故老,搜集遺聞軼事增修而成的衛志,同時參考了《松江府志》、《松江府續志》、《雲間志》、《上海縣志》、《嘉禾志》、《蘇州郡志》,紀事自周康王至明正德十二年(1517),記載明代衛制、軍政條例及軍法定律頗詳。是志有上下二志,六卷,十綱,六十七目。上志卷一邊域,有建置、沿革、要害、裏至、分野、地圖六目;建設,有衛所、營堡、城池、烽堠、巡司、官吏、倉庫、場營、街巷、坊井十目。卷二棟宇,有公署、樓櫓、鋪舍、第宅四目。卷三將校,有總帥、裨將、參幕、列校四目;兵政,有軍實、戶口、調撥、操閱、戒備、餉給、屯田、漕運、賦役、撫恤、繕治、鎧治、繳報十三目。下志卷一險固,有山類、水類、橋樑(附)、古蹟、鎮市、場司、鄉保七目;學校,有法制、宮牆、師儒、鄉舉、進士、歲貢、應例七目。卷二祠祀,有廟貌、祀秩、冢墓(附)三目;人物,有宦績、軍功、薦舉、孝行、貞烈、文藝、材技、風俗(附)八目。卷三土產,有陸品、水族、藥物、食物、器用五目。

《松江府屬舊志二種》1函7冊,後三冊為〔嘉靖〕《上海縣志》八卷。書共印一百部,此本為第三十五號。

姚光(1891~1945),字石子,號鳳石,金山人。1909年入南社,後繼柳亞子任南社主任。著《金山藝文志》、《浮梅草》、《續浮梅草》、《荒江樵唱》等。陳乃乾(1896~1971),見前〔嘉靖〕《上海縣志》。

姚光跋曰:「金山蕞爾小邑,處東海之濱,地勢有今古之不同。其為浦東、錢塘灣間屹然重鎮,則歷久而不易也。在昔金山嘴未塞,青龍港尚通之時,

為海疆形勝之區。明洪武間，倭人道海侵我，東南數被寇亂。朝廷乃就華亭縣之篠館設置戍城，隱然與海中金山相直，故名金山衛。迨清雍正間，即改為金山縣云。設衛時，城中駐有十八指揮使。乙酉，清騎南下，自南至北，扼以重兵，與海內外義師時通聲氣，久而後亡。及後海口湮塞，河流變遷，然洪氏之役，清於衛城不守，以至南匯、奉賢相繼而下。及皖軍東來，扼守朱涇，先破衛城，而後附近諸邑以及浙西遂聞風瓦解矣。甲午中倭之戰，衛亦防守綦密，是以雖偏僻一隅，能控扼黃浦以南江浙間全局，得之足以前控大海，後扼浦江，失之則滬茸西浙非我有矣。夫國家邊疆之備，應陸海並重。乃衛之城闕，早於民國十有一年為計吏鬻賣，夷為平地。今過此土者，惟見鹽灶漁舍，荒涼更甚。近者倭人寇我淞滬，倘在彼不得逞志，必雲擾沿海，而衛當其衝，不知為政者何以為禦敵之計也。衛之政制，正德間都指揮僉事張奎已纂有專志，於武備之設置，敘述特詳，及學校、祠祀、人物、土產，綱舉目張，簡明有要。余藏有舊鈔，知是書有刻本，常以未見為憾。今余友海寧陳君乃乾獲覩原刻，為之影印傳世。衛自此志而後，蓋無繼起而作者，爰述衛之歷來情勢，以跋其後，俾鑒覽者知古知今，而無陸沉耳聾之誚矣。中華民國二十一年八月三日，金山姚光識。」

　　陳乃乾校記序曰：「余所見明刻府州縣志，大都為天一閣、汲古閣兩家舊藏。天一閣藏者雖無印記，然書根有字，且有書目可核對，易於辨認。汲古閣藏者，有『汲古閣』及『彭城開國』而大方印，又有繡谷亭吳氏諸印，蓋其後曾為吳敦復所得故也。今海虞瞿氏鐵琴銅劍樓藏明志數十種，皆有毛、吳印記，惟正德《金山衛志》則出於顧氏秀野草堂，非范、毛兩家物也。數年前，瞿良士先生避兵來滬，盡挾其藏書自隨，凡《鐵琴銅劍樓書目》著錄之書，謹守勿失，其重本及目所不載者，或舉以贈人，而《金山衛志》乃歸於北平圖書館。余乘其流轉之際，假置案頭者旬日。金山嗜古之士若高吹萬、高君定、姚石子諸君，皆歎為罕秘，慫恿付印。石子復出其所藏舊鈔本見示，余為互勘一過，鈔本似據初稿傳錄，故與刻本不盡合。茲記其異文及刻本譌字餘下。壬申重九，海寧陳乃乾。」

　　《中國地方志聯合目錄》、《中國地方志總目提要》著錄，《中國古籍總目》著錄，《上海地方志簡目》、《上海方志資料考錄》、《上海方志提要》、《上海方志通考》著錄。

　　有今譯本，即上海金山區康城文史研究會編譯《正德金山衛志今譯》，上

海辭書出版社，2013 年出版。有謝輝點校本，收入《上海府縣舊志叢書・金山縣卷》，上海古籍出版社，2014 年出版。

除上海博物館圖書館外，中國國家圖書館、上海圖書館、天津圖書館、南京圖書館、浙江圖書館、湖北圖書館、蘇州圖書館、鎮江圖書館、北京大學圖書館、北京師範大學圖書館、中央民族大學圖書館、復旦大學圖書館、武漢大學圖書館、西北大學圖書館、中山大學圖書館、中國科學院圖書館、南京博物院、上海辭書出版社、臺灣大學圖書館、日本東洋文庫、日本國會圖書館、京都大學人文科學研究所、靜嘉堂文庫、美國國會圖書館等收藏。

二、〔光緒〕金山縣志

（一）清光緒刻本金山縣志　807.2 / 31

〔光緒〕《金山縣志》三十卷首一卷，清龔寶錡、崔廷鏞修，黃厚本等纂。清光緒四年（1878）刻本。8 冊。半葉 10 行，行 22 字，小字雙行同。下黑口，左右雙邊，單魚尾。版心上鐫「金山縣志」，中鐫卷次及卷名，下鐫頁碼。內封有牌記「光緒四年戊寅孟春開琱」。書末有刊記「金山朱涇鎮下塘應記刷印」。書高 25 釐米，寬 15.6 釐米，框高 19.3 釐米，寬 13.9 釐米。卷端題名為「金山縣志」，書衣題名、內封題名為「重修金山縣志」。首有清光緒四年五月沈葆楨《重修金山縣志序》、光緒四年二月吳元炳《重修金山縣志序》、光緒四年六月勒方錡《重修金山縣志序》、薛書常《重修金山縣志序》、劉瑞芬《重修金山縣志序》、崔廷鏞《重修金山縣志序》、銜名姓氏、重修凡例、圖經（全境水利圖、衛城圖、鄉保區啚圖、縣署圖、海塘圖、文廟學署圖、兵防圖、柘湖書院圖、朱涇鎮圖、積穀倉圖）、目錄。末有清光緒三年（1877）七月龔寶錡《重修金山縣志書後》、原序（清乾隆十六年〔1751〕常琬《序》、乾隆十七年〔1752〕六月王宗閔《序》、乾隆十八年〔1753〕十月陳懷仁《序》、乾隆十五年〔1750〕四月焦以敬《序》）。

龔寶錡，浙江仁和人，清光緒二年（1876）陞用同知署金山縣知縣。崔廷鏞，河南淮寧人，清光緒三年（1877）任補用直隸州金山縣知縣。黃厚本，字雪蕉，寶山人，清同治六年（1867）舉人，揀選知縣。

沈葆楨敘曰：「天下有彈丸黑子之地，而控扼全局，屹然為一方重鎮者，則朝廷締造之意不可不深長思也。金山，明隸華亭。入國朝，改隸婁縣，後始析為今邑。蓋因時制宜，為控扼計，而後置縣。又較量形勝，輾轉審度，而縣

治乃定。誠以地處海濱，屏蔽腹地，外接兩浙，遠勢千里，赭寇之亂規復，浙西之軍實取道於此。舊駐陸兵千，亂後增設水師，補陸兵所不及。桑土綢繆之計，日益備觀。治者敢以一邑小之哉？況橫浦、浦東，久擅煮海之利，鹽梟出沒其中，趨利者眾，釀禍亦易。良有司深鑑前事，居安思危，防外侮，靖內訌，其必有道以處此矣。光緒三年，重修縣志成，邑令崔君廷鏞以序請，為論其地勢之大略者如此。光緒戊戊寅夏五，督江使者侯官沈葆楨謹敍。」

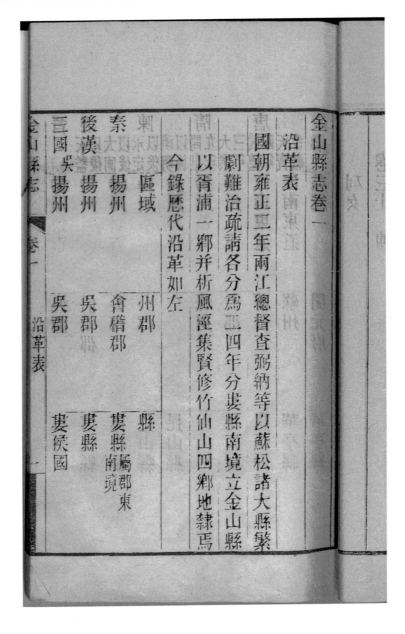

吳元炳序曰：「明洪武間，築城防海，始置金山衛。雍正四年，以兩江督臣疏請，分婁縣南境立金山縣，以胥浦一鄉並析風涇、集賢、修竹、仙山四鄉地隸焉。分縣時，知縣駐衛城。乾隆二十四年，以衛城地僻，控馭非宜，遂移移縣治於朱涇鎮。文廟、祠宇、書院、倉廠，舊在朱涇，而縣署、監獄亦隨所治而遷焉。竊惟金山控扼大海，襟帶兩浙，舊設額兵千名，屹然為海疆重鎮。近又增置水師，助綠營所不及，橫浦、浦東，實司鹽筴，椎埋豪猾，出沒其中，此兵防、鹽法二者當務為急也。舊未有志，乾隆十六年，知縣常琬創修縣志，去置縣未三十年，紀載尚多缺略。邑人姚汭續修之，錢熙泰又從而參訂之，頗多考正。百五十年來變遷非一，中經兵燹，官牘不存，網羅散失，亦綦難矣。前牧令龔寶琦承修邑志，未竣事而去。今牧令崔廷鏞以所成書三十卷乞余一言。余閱之，河道、橋梁以及藝文、人物，增纂頗詳，體例尚備，邦人士搜訪之苦心，其可沒歟？故樂得而為之序。光緒四年歲次戊寅春二月，撫吳使者吳元炳謹序。」

勒方錡序曰：「金山舊為華亭縣地，明洪武間，築城防海，始置金山衛。國朝順治十三年，分華亭而置婁。雍正四年，又析婁而置金山，蓋即以衛名名縣也。乾隆十六年，知縣常公琬始創縣志，時去置縣未三十年，而紀載苟簡，多所缺略。甚矣，作志之難也。道光時，邑人姚君汭起而重修之，錢君熙泰又從而訂正之，將彬彬乎有可觀矣，而書又未竟，不獲以傳。百五十年來，因時變遷，更遭兵燹，典章散佚，老成凋謝，志之修也，談何容易？夫金山一區區彈丸邑耳，前控大海，後扼浦江，實為松江一郡屏幛。衛城有營，舊以參將領之，額兵千名，屹然為海疆重鎮。嘉慶中，改設游擊，營制亦稍稍變更。同治中，添駐水師，以助綠營所不及。縣治向在衛城，乾隆間以衛城僻陋，控馭非宜，遂移治於朱涇。粵寇之變，衛城不守，其後乃厚集兵力，南自衛城，北至朱涇，步步為營，率能規復浙西諸郡。蓋東南大洋，乃江浙會哨之界，若大洋山，若淡水門，皆海艘所出沒。塘路則西承平湖，東遞華亭，環市東南，直至寶山，迢迢數百里，平坦如砥，不僅防海，兼可控陸。而朱涇一鎮尤居中要，故又不獨為松江一郡屏幛，而實為江浙之門戶。其於防守之法，尤不可以不志。若夫橫浦、浦東，實司禺筴，鹺弊剔姦，鹽法宜志。泖灘舊漲，日就淤墊，疏流導源，水利宜志。書院之設，培養人材，月試歲饋，文教宜志。凡此又皆守土者之責，而賢有司所亟宜留意者也。前知縣事者龔君寶琦乃設局修志，志未就，而崔君廷鏞代之。既告成，得三十卷，傳信闕疑，搜輯頗力，

爰書數語於簡端，以告後之守斯土者。光緒四年戊寅六月，蘇州布政使司布政使勒方琦序。」

薛書常序曰：「金山一邑，左臨大海，右控浦江，自昔稱形勝之地。余於咸豐辛酉冬捧檄來滬，時值衛城失守，浦東各邑相繼淪陷，而松江、上海遂屢瀕於危。至次年三月，合肥相國統淮軍至，始以重兵守朱涇，節節立營，為拊背扼吭之計，然後南匯、奉賢以次收復。蓋雖蕞爾彈丸，固浙江之門戶，而松滬之藩籬也。惟其地初隸華亭，繼改婁縣，至前明洪武間，始設衛所。我朝雍正四年，始建縣治，即以衛名名之。而縣之有志，則自乾隆十六年縣令常琬始。其時建置未久，記載多缺。百餘年來，江海之變遷、風俗之醇澆、農桑貿易邊防之利害，上關國計，下繫民生者，在在宜筆之簡篇，垂為訓典。則兵燹以後，縣志之修，益不容緩矣。會大中丞固始吳公有續修《江南通志》之舉，乃檄各郡先修縣志，備採擇。於是前令龔君與邦人士遵章設局，事未竟而瓜代。鄉人崔君友梅繼之，採訪纂輯，分為三十卷，提綱絜要，條理井然。書成，走函索序。余維紀述既詳，利弊斯判，舉凡文學、武備、水利、鹽策，以及旌忠表節、除莠安良、因革損益之宜、撫字催科之政，皆賢令尹所宜孜孜勤求，而責無旁貸者，固不徒以記事徵詞，備後來之掌故也。令斯邑者其勉之。賜進士出身、誥授資政大夫、布政使銜署江蘇按察使司徐州兵備道靈寶薛書常敬撰。」

劉瑞芬序曰：「自來形勝、要害，有互古不易者，有隨時勢為轉移者，而建置之沿革因之。學者欲考已然之跡，知通變之宜，則非紀載不為功。金山控扼大海，襟帶兩浙，為松江一郡屏蔽，固東南形勝地也。未置縣時，地隸華亭。明洪武間，築城防海，始建金山衛所。國朝順治十三年，分華亭，置婁縣，地又轉隸於婁。至雍正四年，又析婁置縣，遂以衛名名之。蓋上下三百年，變置已數數矣。要其為海疆形勝，則所謂互古不易者也。縣治舊在衛城，乾隆二十四年，以衛城地僻，控制非宜，改建於朱涇鎮，而衛城額設兵千名，領以參將，隱然為海疆重鎮。嘉慶中，改設游擊。承平日久，不復以兵防為重，形勢依然。而時宜輕重，今昔殊情，規制亦稍變矣。粵寇之亂，自浙境沿海竄擾，衛城不守，南匯、奉賢相繼淪陷。迨皖軍渡海東下，駐營滬上，分遣重兵，扼守朱涇，先拔衛城，旋收旁邑，遂能遠窺浙西，收功保障。厥後東南大定，改易營制，衛城添設水師，助綠營所不及。由此言之，經畫建置之宜，又視夫事會之適然，非前者之慮有未周，而後者之智獨多也。而已事之規，

前志之所載筆，有心人必起而修明之，以俟夫考信而決疑者，誠不可以已也。光緒紀元，大中丞吳公將有續修《江南通志》之舉，既檄各屬，先成縣志，復命龔太守壽圖總松江一府之成。前金山令龔君寶琦始修厥緒，今令崔君廷鏞踵事訖功，成書三十卷。以余同官，屬為序言。余讀其敍略，於地勢、形勝、建置、沿革，言之尤詳，而近事之效，有足相參證者，爰舉大要，敷言簡端。若夫義例之善、掌錄之勤，讀者將自得焉，茲不復贅云。光緒四年戊寅正月，布政使銜署理蘇松太兵備通海關監督貴池劉瑞芬序。」

　　崔廷鏞序曰：「古者郡國有志，所以考疆域之分、建置之始，與夫風土物產之宜、人才薈萃之數。凡以補國史之所未及，而求治者有所考鏡焉。金山舊未有志，乾隆十六年，知縣常琬始創修縣志。道光間，邑人姚汭、錢熙泰又續修之。兵燹後，紀載散失，文獻闕如，邦人士有志修輯而未逮也。今上御極之元年，大中丞吳公將有續修《江南通志》之舉，既檄各屬，先成縣志，於是金山志始重修。時權縣事者龔君寶琦實經始之，延邑孝廉黃君厚本總纂其事。丁丑秋，廷鏞來蒞是邑，乃與黃君反復商榷，精考博采，以踵其成，計成書三十卷，為表四，為志八，為傳十二。始事於光緒丙子九月，迄次年九月而藏事。夫以百數十年失修之志，疆域有變遷，建置亦有沿革，加以田賦、鹽課諸大政互多損益。自逆氛竄擾，邦之士女或揮戈喋血，或飲刃投繯，義烈皦然，而其姓氏湮沒不彰者，何可勝道？今黃君與諸君子網羅散佚，闡幽光而垂不朽，厥功顧不偉歟？抑又聞之，志者，一邑之信史也。信今乃可以傳後，識大識小，存乎人而已矣。一邑之事，要以紀載而傳，而紀載亦以人而傳，是故人才者，一邑之興替所關，有司者莫不以此為亟亟也。金山當未建縣時，地屬於華，繼隸於婁。其時魁儒碩士，後先輝映，蔚然為東南之秀。今雖不逮於古，而芳馨未沫，靈秀所鍾，當有賢哲挺生起而鳴國家之盛者，則官斯土者所深望也。刊既成，因書其大略如此。至於方隅建置之宜，形勢控挹之要，前序言之綦詳，茲不復贅云。光緒戊寅八月，陳州崔廷鏞謹序。」

　　龔寶琦書後曰：「光緒二年歲在丙子七月，寶琦捧檄來權縣篆，其時松屬六邑一廳，咸開局纂修邑志，惟金山以經費無著，尚未舉辦。琦請于大憲，每畝抽捐八文，集兩忙之貲，以充公費，奉批如所請。乃與邑之賢士夫謀曰：志之不修，歷百餘年矣。中經髮逆擾亂東南，文獻半就淪亡，故家遺俗，倖猶有存者，不于此時起而修明之，恐日後益難措手。諸君子宜監於成憲，斟酌

凡例，搜羅有關一邑山川、地理、人文、物產、紀載之編，儲局以備採擇。張堰錢氏志稿雖私家著作，未盡精審，然可備印證。志之作也，為事蹟之有徵也。職司纂輯，第一言蔽之曰信，斯可矣。惟信，始足為府志底本，府志乃足為一統志底本。蓋金山分自婁邑，五鄉八保，有與華、婁犬牙相錯者，有與浙之平湖、嘉善接壤者，失之毫釐，爭端即起。必分畫明晰，使異日不能寸步紊越，則經界正矣。金山有橫泖、長泖，西與平湖共利，山塘、胥浦、掘撻、張涇，縱橫交錯，其支河分港之通塞異跡，橋樑道路之今昔異名，必燦若列眉，俾生於斯者皆得尋源竟委，用治其溝洫，則水利興矣。金山先有衛城，防倭寇之橫逸，國朝海不揚波，遷縣治於朱涇鎮，裁兩巡司。壤地雖小，瀕海魚鹽之利所在，私販假道，姦宄混跡。凡扼塞控制之方，必旁搜遠紹，俾求治者知所藉手，則按攘存矣。金山田三千七百餘頃，志科則之高下，累黍無差，志繡壤之交錯，區圖無混，使銀米之徵得按圖索驥，胥吏莫能影射，則戶口核、賦稅平矣。就此數事言之，志之重賴乎信而有徵已如是。其他志學校、志營汛、志科舉、志武功、志營建、志物產，實事求是，可以類推焉。至於忠孝、節義、名宦、儒林、方外、隱逸、列女之傳，尤當令展卷者如聞謦咳，如睹儀型，事蹟有若蘭馨，姓氏迥殊竽濫，自然頑廉懦立，無智愚咸聞風興起，信之為義，不綦重哉？商榷之下，諸君子具有同心，遂開辦於丙子年孟冬之月，迄丁丑年孟秋，歲將周，已成者若干類，已具稿而猶待校正者若干類，未脫稿者若干類。瓜期適屆，將卸事去，局董請留序文以待剞劂。予謂序則未敢，惟事創始在予，自宜綴言簡末，用志諸君子臭味同、意見洽，一時共事之誼云。光緒三年歲在丁丑七月既望，運同銜陞用同知、署金山縣知縣龔寶琦書後。」

　　是志仿咸豐邑志稿之例，稍加增損分合而成，計二十四門，有四表、八志、十二傳，志文內容均標明出處。「較之俗例似為整煉。然兵事為之武備志亦未允協。又志餘遺事頗多重要故實有宜入各傳者，名曰志餘亦非是也。」〔註37〕卷一至四為表，有沿革、疆域、職官、選舉四門；卷五至十七為志，有山川、建置、賦役、名蹟、學校、藝文、武備、志餘八門；卷十九至三十為傳，有名宦、仕績、儒林、文苑、孝友、忠節、義行、隱逸、藝術、遊寓、方外、列女十二門。

　　《中國地方志聯合目錄》、《中國地方志總目提要》著錄，《中國古籍總目》

〔註37〕瞿宣穎：《方志考稿》甲集第六編，第28頁。

著錄,《上海地方志簡目》、《上海方志資料考錄》、《上海方志提要》、《上海方志通考》著錄。

有《中國方志叢書》影印本,成文出版社,1983 年出版;又有《中國地方志集成·上海府縣志輯》影印本,上海書店,1991 年出版。有李鳳華整理本,收入《上海府縣舊志叢書·金山縣卷》,上海古籍出版社,2014 年出版。

除上海博物館圖書館外,中國國家圖書館、中國民族圖書館、首都圖書館、上海圖書館、南京圖書館、北京大學圖書館、清華大學圖書館、中央民族大學圖書館、復旦大學圖書館、華東師範大學圖書館、中國科學院圖書館、中國社會科學院考古研究所、中國國家博物館、上海辭書出版社、「中研院」史語所、臺灣師範大學圖書館、日本國會圖書館、靜嘉堂文庫、東洋文庫、京都大學人文科學研究所、美國國會圖書館、哈佛大學哈佛燕京圖書館、哥倫比亞大學圖書館、斯坦福大學圖書館、芝加哥大學圖書館等多家公藏機構收藏。

(二)又一部　清光緒刻本金山縣志　807.2 / 31：1

〔光緒〕《金山縣志》三十卷首一卷,清龔寶錡、崔廷鏞修,黃厚本等纂。清光緒四年（1878）刻本。8 冊。半葉 10 行,行 22 字,小字雙行同。下黑口,左右雙邊,單魚尾。版心上鐫「金山縣志」,中鐫卷次及卷名,下鐫頁碼。內封有牌記「光緒四年戊寅孟春開雕」。書末有刊記「蘇城胥門內道前街西謝文翰刻印」。書高 27 釐米,寬 17.2 釐米,框高 19.3 釐米,寬 13.9 釐米。卷端題名為「金山縣志」,書衣題名、內封題名為「重修金山縣志」。首有清光緒四年五月沈葆楨《重修金山縣志序》、光緒四年二月吳元炳《重修金山縣志序》、光緒四年六月勒方錡《重修金山縣志序》、劉瑞芬《重修金山縣志序》、崔廷鏞《重修金山縣志序》、銜名姓氏、重修凡例、圖經（全境水利圖、衛城圖、鄉保區圖圖、縣署圖、海塘圖、文廟學署圖、兵防圖、柘湖書院圖、朱涇鎮圖、積穀倉圖）、目錄。末有清光緒三年（1877）七月龔寶錡《重修金山縣志書後》、原序（清乾隆十六年〔1751〕常琬《序》、乾隆十七年〔1752〕六月王宗閔《序》、乾隆十八年〔1753〕十月陳懷仁《序》、乾隆十五年〔1750〕四月焦以敬《序》）。

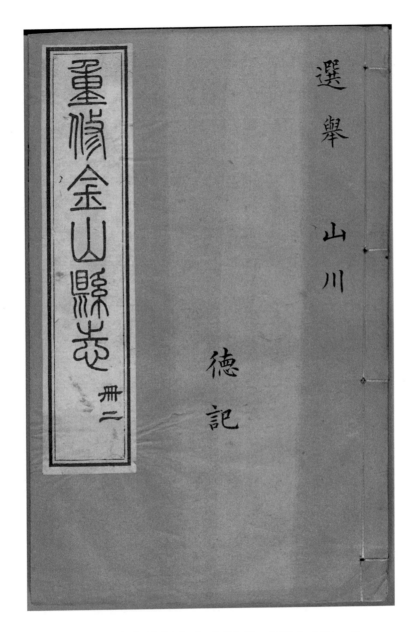

（三）又一部　清光緒刻本金山縣志　807.2／31：2

〔光緒〕《金山縣志》三十卷首一卷，清龔寶錡、崔廷鏞修，黃厚本等纂。
清光緒四年（1878）刻本。8 冊。半葉 10 行，行 22 字，小字雙行同。下黑
口，左右雙邊，單魚尾。版心上鐫「金山縣志」，中鐫卷次及卷名，下鐫頁碼。
內封有牌記「光緒四年戊寅孟春開雕」。書末有刊記「蘇城胥門內道前街西謝
文翰刻印」。書高 24.1 釐米，寬 15.2 釐米，框高 19.3 釐米，寬 13.9 釐米。卷

端題名為「金山縣志」，書衣題名、內封題名為「重修金山縣志」。首有清光緒
四年（1878）五月沈葆楨《重修金山縣志序》、光緒四年二月吳元炳《重修金
山縣志序》、光緒四年六月勒方錡《重修金山縣志序》、薛書常《重修金山縣
志序》、劉瑞芬《重修金山縣志序》、崔廷鏞《重修金山縣志序》、銜名姓氏、
重修凡例、圖經（全境水利圖、衛城圖、鄉保區啚圖、縣署圖、海塘圖、文廟
學署圖、兵防圖、柘湖書院圖、朱涇鎮圖、積穀倉圖）、目錄。末有清光緒三
年（1877）七月龔寶錡《重修金山縣志書後》、原序（清乾隆十六年〔1751〕
常琬《序》、乾隆十七年〔1752〕六月王宗閔《序》、乾隆十八年〔1753〕十月
陳懷仁《序》、乾隆十五年〔1750〕四月焦以敬《序》）。

（四）又一部　清光緒刻本金山縣志　807.2 / 32

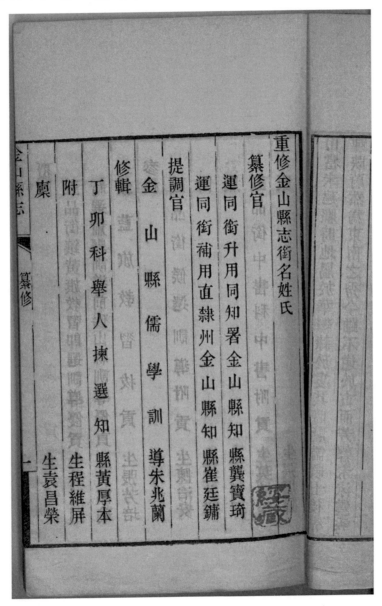

〔光緒〕《金山縣志》三十卷首一卷，清龔寶錡、崔廷鏞修，黃厚本等纂。清光緒四年（1878）刻本。8 冊。半葉 10 行，行 22 字，小字雙行同。下黑口，左右雙邊，單魚尾。版心上鐫「金山縣志」，中鐫卷次及卷名，下鐫頁碼。內封有牌記「光緒四年戊寅孟春開琱」。書末有刊記「蘇城胥門內道前街西謝文翰刻印」。書高 27.5 釐米，寬 17.3 釐米，框高 19.3 釐米，寬 13.9 釐米。卷

端題名為「金山縣志」，書衣題名、內封題名為「重修金山縣志」。首有清光緒四年（1878）五月沈葆楨《重修金山縣志序》、光緒四年二月吳元炳《重修金山縣志序》、光緒四年六月勒方錡《重修金山縣志序》、薛書常《重修金山縣志序》、劉瑞芬《重修金山縣志序》、崔廷鏞《重修金山縣志序》、銜名姓氏、重修凡例、圖經（全境水利圖、衛城圖、鄉保區啚圖、縣署圖、海塘圖、文廟學署圖、兵防圖、柘湖書院圖、朱涇鎮圖、積穀倉圖）、目錄。末有清光緒三年（1877）七月龔寶錡《重修金山縣志書後》、原序（清乾隆十六年〔1751〕常琬《序》、乾隆十七年〔1752〕六月王宗閔《序》、乾隆十八年〔1753〕十月陳懷仁《序》、乾隆十五年〔1750〕四月焦以敬《序》）。

此本鈐「綏藏」朱文方印。

第十一節　川沙廳志、縣志

川沙，明嘉靖三十六年（1557）因海防築堡城；清嘉慶十年（1805）始析上海縣高昌鄉、南匯縣長人鄉部分地區，置撫民廳；嘉慶十五年（1810）劃界分管，隸松江府。民國元年（1912），川沙改廳為縣，置川沙縣公署，仍隸松江府，後直隸江蘇省。

川沙之修志，始自清道光十五年（1835）時任川沙撫民廳同知何士祁的創議。何士祁修、姚椿和周墉纂〔道光〕《川沙撫民廳志》十二卷首一卷，道光十六年刻本，八門五十目，記事至清道光十六年，為川沙最早的方志。其後，有陳方瀛修、俞樾等纂的〔光緒〕《川沙廳志》十四卷首一卷末一卷，光緒五年（1879）刻本；方洪鎧和陸炳麟修、黃炎培纂〔民國〕《川沙縣志》二十四卷首一卷，民國二十六年（1937）鉛印本。此外還有陸培亮編〔民國〕《川沙鄉土志》，民國二年（1913）初印本，民國四年、七年增訂本。

上海博物館圖書館藏川沙方志二種四部：〔光緒〕《川沙廳志》一部，〔民國〕《川沙縣志》三部。

一、〔光緒〕川沙廳志

（一）清光緒刻本川沙廳志　807.2 / 100

〔光緒〕《川沙廳志》十四卷首一卷末一卷，清陳方瀛修、俞樾等纂。清光緒五年（1879）刻本。6 冊。半葉 12 行，行 23 字，小字雙行同。書高 24.3 釐米，寬 14.9 釐米，框高 17.7 釐米，寬 12.5 釐米。白口，左右雙邊，單魚

尾。版心上鐫「川沙廳志」，中鐫卷次及目名，下鐫頁碼。有牌記「光緒五年己卯秋九月刊成」。首有清光緒三年（1877）沈葆楨《川沙廳志序》、光緒三年十月吳元炳《川沙廳志序》、光緒三年十月劉瑞芬《川沙廳志序》、光緒五年四月陳方瀛《川沙廳志序》、目錄、凡例、圖說（全境圖、海塘水利圖、海洋圖、城圖、廳署圖、文昌宮觀瀾書院圖、義倉圖），末有捐資姓氏、舊序（清道光十六年〔1782〕十二月何士祁序）、光緒五年七月陳方瀛《川沙廳志敘錄》。

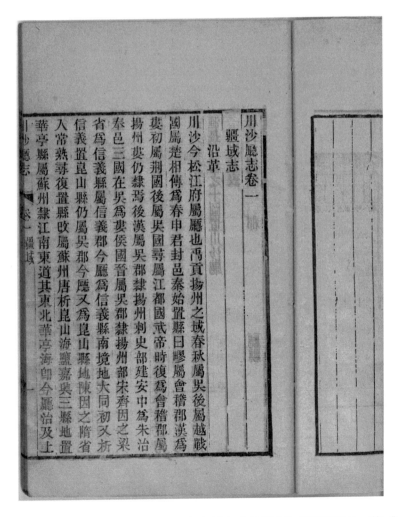

陳方瀛，浙江海鹽人。監生，清光緒初任川沙撫民廳同知。著《繡燈問字圖題詞》。俞樾，見前。

沈葆楨序曰：「光緒丁丑，川沙續修廳志成，趙太守祐宸、龔太守壽圖、

陳刺史方瀛合詞請序於余。余撮觀大略，作而歎曰：海防至今日，其可已哉。自通商事起，滬上為南北樞紐，千檣萬艦，趾錯奔赴，此來彼往，瞬息萬變。而川沙一隅，實扼吳淞之吭，從前額駐陸兵千人有奇，曾文正公奏請改隸外海水師，乃知有巡緝洋面之事。誠以洋面敉平，而後內地可以無恐，守土者深思變制之意，知今日海防之重綢繆桑土，補其不及，庶乎得所從事矣。志修於同治十一年，輾轉作輟，閱六稔乃蒇事。其中田土賦役之制、孝悌節義之懿，歷時既久，較前志為詳，不具論。光緒丁丑日南至，兩江總督侯官沈葆楨謹序。」

吳元炳序曰：「《川沙廳志》創修於道光十六年，同知何士祁刊行，遭亂板燬。廳治改設未久，舊志卷帙無多，同知陳方瀛與邑中耆宿分門採訪，續纂斯志，首先告成，共一十四卷，請序於余，余例得弁言於簡端。竊惟川沙濱海一隅，明嘉靖間築城，乾隆二十四年，改松江董漕同知為分防同知，駐川沙。至嘉慶十年，始畫上海、南匯兩縣地界，置廳管轄，改撫民同知，並設立將備額兵千餘名，為沿海重鎮，嗣以陸營改水師，專事巡洋，則以柘林營移駐南匯，兼管廳境，故賦役無多，全以海防為重。迄今百餘年來，兵燹甫平，海疆多故，顧惟蕞爾之區，實為滬江屏蔽。仰見睿慮深遠，防患未形，今得以保境息烽，與邦之人士優游樂歲，搜考遺聞，不其幸歟？顧志乘之設，豈惟是徵文考獻，備一方掌故云爾哉？其必有以思輯乂人民，綏柔中外，完殘奮怯，消禍亂於未萌，經正民興，庶邪慝之不作，於以型仁講讓，共襄郅治於無窮，是則使者之所厚望也夫。光緒三年丁丑十月，撫吳使者固始吳元炳序。」

劉瑞芬序曰：「余典榷海上有年矣，與川沙僅隔一水，稔知其俗悍民貧，華洋雜處，頗非易治。同治壬申夏，浙西陳君仙海以儒雅才領廳事，政通人和，頌聲四起，既久彌盛，余心契之。會余攝兩淮鹽運篆，去上海朞年。今春復來，權兵備篆，察州縣治最，則陳君為優。已而謁余曰：『《川沙廳志》創自道光中同知何士祁，迄今四十餘載，再更兵燹，文獻無徵，纂輯綦難，而事不可緩。方瀛忝守是邦，下車之始，竊兢兢以地方興廢為念，延董設局，攷遺訂墜，幾閱歲年，以費絀未蒇事。今幸大中丞固始吳公有續修《江南通志》之舉，於是龔太守壽圖承檄督修《松江府志》，海角士民躍起從事，乃得詳與審訂，計成書一十四卷，敢乞為序。』余用是益歎君非僅事簿書期會者比也。顧嘗謂郡邑之有志，大要在紀疆域、存故實、著利害，以為後之治鏡而已。然志同而所以為志者各不同，則輕重緩急之異，必有因乎其地與時者矣。唐荊川

氏言『志以經世，非以博物』，豈不諒哉？川沙自前明迄國朝，為鎮、為堡、為廳，局已屢變，而其為海防要地則同。海防之要，莫要於前明備倭，他若盜賊出沒，尚未足繫全吳重輕。然倭患猝自外至，雖嘗踞為巢穴，要非於未事之先有入而錯居焉者也。上海在其西北，踰吳淞，阻黃浦，尤未有入而錯居焉者也。當時川沙之險，首在羊山，遏之使不得越淡水門，則蘇松可以高枕。今朝廷聲教遠暨，日際月竁，罔不來賓。然西顧上海，東顧洋面，內而自顧其四境，川沙之形勢豈猶夫昔哉？形勢異，則機宜亦異，蓋有匪獨繫全吳重輕者，是為海防要地同，而所以鎮海防者，固甚不同焉爾矣。余嘗讀《郡國利病書》、《方輿紀要》，殫言川沙海防事宜，按之於今，多不能脗合。然變者時也，不盡變者地也，因地與時而制其宜，雖存乎人而不能無鏡於古也。今君之為志，其有見於此乎？君之言曰，舊志於疆域、沿革、風土、人情，記載秩然，足為一方掌故。惟是通商以來，時事屢遷，地險難恃，而營制更易，宿將無存，守土之官不能無三致意焉。至若洲田之增、水利之廣、節行人文之著，皆躪前志而日新者，則亦不容以不傳。嘻！是誠所謂『志以經世，非以博物』者耶？夫執海防以志川沙，特一端耳，而重且急者在是，非留心經世之略者，烏知首措之意哉？抑前人本其所究心於治者以為志，後人即鏡其所究心於志者以為治，志所為重，有繫於前後相續之際也。斯志既成，將使後之治川者，咸得所考鏡，又豈獨海防防也哉？余契君治行久，於君斯志不能無言，故為論其重且急者，以見余兩人在海上有年，所見之同如此，後有君子，倘不甚謬其言夫。光緒三年丁丑十月，布政使銜蘇松太兵備道海關監督貴池劉瑞芬序。」

　　陳方瀛序曰：「川沙為海上一隅之地，前明嘉靖間始築城，至國朝乾隆二十四年乃有分防同知之設。嘉慶十年，又改為撫民同知，劃上海、南匯兩縣之地以隸之，文武官制悉如律令，而川沙遂為濱海一要區。方瀛自同治壬申之歲奉檄是邦，下車之始，諮詢故事，而得道光十六年同知何君士祁所修之《川沙廳志》。徵文考獻，賴有此耳。然自道光十六年上溯嘉慶十年始設撫民同知，止三十有二載，而下逮同治十一年方瀛抵任之歲，則又閱年三十有六。此三十六年中，國家長駕遠馭，敷聲教於日月之所出入，海外之國，連軸接艫，咸至於滬瀆，而吾境實屏蔽乎其外。凡江檣海橋，望吳淞而戾止者，必由川沙，於是川沙遂大重。故相曾文正督兩江時，請於朝，以從前額設之兵改隸水師，而本境則以柘林營兼轄焉，蓋川沙所重尤在海防矣。海濱俗故強

悍，至是耳目聞見，愈唦聉，亦愈難治。遇中外交涉之事，眾論蠭起，官斯土者稍不慎，則無以善其後。《詩》不云乎，『不愆不忘，率由舊章』。以方瀛之不才，非有所率由，能無矘焉而失措哉？於是始有續修廳志之議。然志之不修，既閱三十餘年，則建置之沿革、水道之變遷、兵額之多寡、賦役之輕重，以及藝林、文苑之待乎蒐輯者，忠孝、節義之待乎表揚者，蓋不可以勝計，豈方瀛一人之心思耳目所能薈蕝而無遺哉？爰集是邦之賢士大夫，采輯舊聞，網羅散失，而名諸生沈君咸喜綜覈討論，厥功為多。經費支絀，時作時輟，閱數載始克成書，凡書十四卷，《圖說》一卷冠其首，《序錄》一卷殿其末。雖未知視舊志何如，而事必核實，義必秉公，亦足備一方之掌故，而為居是邦者考鏡得失之資，或亦後之官斯地者通變宜民之一助也。方瀛奉職無狀，幸觀厥成，因書簡端，識緣起焉。光緒五年歲在己卯夏四月，江蘇補用道府知川沙廳事海鹽陳方瀛謹序。」

陳方瀛敘錄曰：「方瀛又攷川沙之有城，始於前明嘉靖，當時為禦倭而設。築城以後，倭患遂息。城之為是邦也，衛內攘外，厥功甚偉。始則但置守堡千戶，至我朝乾隆中，遂設海防清軍同知。嘉慶十五年，又分管上、南兩縣地，於是有倉庫監獄，並設將備駐紮，額兵千餘名，儼然為沿海重鎮。道光壬寅，各國通商以來，番舶交錯於鄰邑，川沙又屹為上海屏蔽。海濱多故，案牘紛乘，守是邦者責尤重於曩時矣。方瀛下車之始，瞥見頹垣圮址，怵然不能自安。嘗一再上書大府，請撥款興修，均格於成例。同治十三年，倭人有陳師臺灣之舉。太府檄飭，沿江海建築礮臺，發款甚鉅。方瀛竊以為川城之修，宜在此時，婉切上陳，卒未邀准，乃集邑中士君子而告之曰：『修城既不能請款，不得不借力於民，而城工甚鉅，民力有限，其何以堪？無已則必先籌水利以衛田疇，庶期民生漸厚，或可成此鉅工耶？』眾議以為然，遂於丙子歲濬白蓮涇、長浜，丁丑濬白龍港，己卯濬西運鹽河，既利行舟，農田亦得所灌溉，歲收有秋。近又與上海議濬趙家溝、盧九溝，與寶山議濬界浜，可以次第興工。復於其間，儲備倉穀，網繆未雨，俾吾民足以有為，足以有守。如天之福，諸河工竣，屢慶豐年，百室盈止，徐圖葺城垣、修樓櫓，以無負當日設官衛民之至意。此則方瀛有志未逮，而深願後之君子守是邦者毅然為之，匡予不及，是地方之所深幸也。爰於修志既竣之餘，更綴數語於後。光緒五年秋七月，海鹽陳方瀛附識。」

是志內容多有沿前志，或採《松江府志》、《上海縣志》、《南匯縣志》者，

皆隨文注明來源，尤詳於兵事資料，有十四門，四十二目。卷一疆域，有沿革（附年表）、界至、形勝、鄉保、團路、街巷、風俗（附歲時、占驗、方言）七目；卷二建置，有城池、衙署、倉庾、書院、義學、坊表、善堂（附義冢）七目；卷三水道，有海（附塘）、潛水（附治績）、橋樑三目；卷四民賦，有戶口、田畝、物產、額賦、雜稅（附鹽課、沙洲）、蠲緩、積儲、義賑八目；卷五祠祀，有官祀、私祀二目；卷六兵防，有兵制、兵事二目；卷七職官，有官制、職官表二目；卷八名宦；卷九選舉，有選舉表一目；卷十人物，有統傳（附藝術、壽民、遊寓）一目；卷十一列女；卷十二藝文；卷十三名蹟，有第宅園林、冢墓二目；卷十四雜志，有祥異、寺觀（附教堂）、方外、遺事四目。

是志斷限，起於上古，迄清光緒五年。

《中國地方志聯合目錄》、《中國地方志總目提要》著錄，《中國古籍善本書目》、《中國古籍總目》著錄，《上海地方志簡目》、《上海方志資料考錄》、《上海方志提要》、《上海方志通考》著錄。

有《中國方志叢書》影印本，成文出版社，1975 年出版；又有《中國地方志集成・上海府縣志輯》影印本，上海書店，1991 年出版。有馬顯點校本，收入《上海府縣舊志叢書・川沙縣卷》，上海古籍出版社，2011 年出版。

除上海博物館圖書館外，中國國家圖書館、中國民族圖書館、首都圖書館、上海圖書館、南京圖書館、內蒙古自治區圖書館、北碚圖書館、北京大學圖書館、清華大學圖書館、復旦大學圖書館、華東師範大學圖書館、南開大學圖書館、中國科學院圖書館、中國科學院南京地理與湖泊研究所、南京博物院、河南省社會科學院圖書館、上海辭書出版社、臺北圖書館、「中研院」史語所、臺灣「內政部門」圖書館、日本國會圖書館、靜嘉堂文庫、東洋文庫、大阪府立中之島圖書館、東京大學東洋文化研究所、京都大學人文科學研究所、一橋大學圖書館、美國國會圖書館、哈佛大學哈佛燕京圖書館、哥倫比亞大學圖書館等多家公藏機構有收藏。

二、〔民國〕川沙縣志

（一）民國鉛印本川沙縣志　807.2 / 236

〔民國〕《川沙縣志》二十四卷首一卷，方鴻鎧、陸炳麟修，黃炎培纂。民國二十六年（1937）上海國光書局鉛印本。1 函 12 冊。半葉 12 行，行 32

字，小字雙行同。下黑口，四周雙邊，單魚尾。版心上記「川沙縣志」，中記卷次及目名，下記頁碼。書高 25.6 釐米，寬 15.1 釐米，框高 18.6 釐米，寬 12.3 釐米。有牌記「民國二十六年一月國光書局印」。首有目次、職名、例言、導言、圖（川沙縣全境圖、川沙市區圖、長人鄉圖、高昌鄉圖、八團鄉圖、九團鄉圖、橫沙鄉圖、縣公署圖、下砂場署圖、公安局圖、孔子廟圖、公立小學校圖、惠北小學校圖、公共體育場圖、中山公園圖、縣商會圖、至元堂圖、川沙縣模范公墓圖、上川交通公司路線總圖）、民國二十五年（1936）一月方鴻鎧《序文一》、民國二十四年（1935）八月李冷《序文二》、民國二十五年一月王任民《序文三》、民國二十五年陸炳麟《序文四》，末有張志鶴《跋》，附勘誤表。

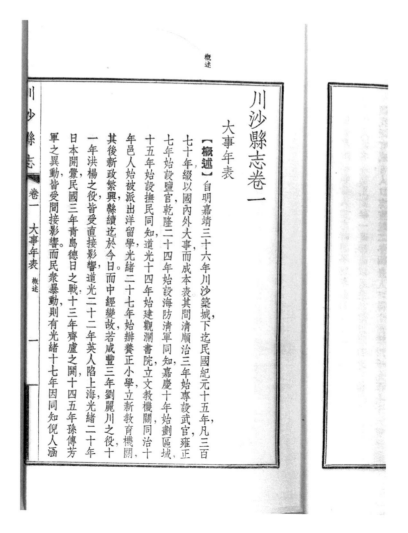

　　方鴻鎧，江蘇吳縣人，民國元年（1912）任川沙縣民政長、縣知事，頗有政聲。陸炳麟（1857～1938），川沙人，歲貢生，時任修志局主任。著《片石山房文稿》、《片石山房詩稿》、《錫百集》等。黃炎培（1878～1965），字任之，號楚南，川沙人，歷任江蘇省教育司司長等職。著《黃炎培考察教育日記》、《黃海環遊記》、《中國教育史要》等。

　　方鴻鎧序曰：「辛亥秋九月，雲陽程公檄長是邦。值改革之初，鄰邑不逞之徒橫行無忌，而邦人士承積疲之餘，日端待理，敦促就任於軍書旁午之時，維持秩序。因陋就簡，行政、司法責諸一人；周諮博訪，胥賴於賢士大夫；酌古斟今，則惟本邑志乘是賴。顧川沙舊有廳志，年久代遠，風教之殊，茫乎莫考。民國肇建倡議修志，竊與聞焉。洎于役浙之當湖、蘇之盤溪，備員淞埠，尸位寧垣，前後十有二稔，以志稿見詢者，幾無虛月。或及時裁答，或留待勾稽，輾轉商榷，又閱數年，迂拙遲緩，愧對多矣。茲者天下為公，諸務整飭，上自國府，下至百官，罔不兢兢業業，爭自振作，奮勉圖治。考古今之得失，謀福利於國民，采風問俗，革故鼎新，有藉乎志乘者尤多。川沙一隅，當洋山、馬蹟之衝，昔日洪窪深闊，為寇跡潛藏之所。有明嘉靖三十六年，巡撫趙忻從邑人喬鏜、王潭之請，築城設堡防禦。遜清乾隆二十四年，改松江董漕同知為海防清軍同知，移駐川沙，督率調度。嘉慶十年，改海防清軍同知為川沙撫民同知，經江督陳大文奏准，以上海縣高昌鄉二十二保之十有五圖、南匯縣長人鄉十七保及二十保之一十圖劃隸川沙管轄，列為海疆要缺。曩時民智未開，夙稱難治。今則學校林立，人文蔚起。官民相親，庶政日新，交通日見方便，市廛亦日見繁榮。民間擔負雖倍蓰於昔，而民風蒸蒸丕變，迥非昔之下邑所可同日語。書成，得卷二十有四，綱舉目張，有條不紊。脫稿之初，集眾同觀，循名核實，將事以慎。自茲以往，官於斯、生於斯者，邑之掌故考諸年表，可得而知也。鴻鎧不敏，次其所知，識諸簡末。中華民國二十五年一月吳縣方鴻鎧。」

　　李冷序曰：「國有史，家有譜，地方有志，咸紀述往績，昭示來茲，其義一也。本邑志乘創於遜清道光之季，至光緒五年曾加修纂，逮於今已五十餘年矣。其間鼎祚已遷，政制屢易，而本邑亦由廳而改縣，政治人事，所更非一，邑志需增待補者至繁且亟。民國二年，始動續修之議，於是集邑中諸賢俊之覃思藻翰，積二十餘年之久，志稿乃定，不可謂匪艱辛且鉅矣。而中因事故，旋輟旋續，卒抵於成者，尤有賴於縣志總纂黃任之孝廉、協纂張伯初

茂才，與修志局主任陸薇汀明經，總成主持之力也。冷寡學鮮文，謬篆縣政，四歲以來，遠尋本邑往哲之遺範，近藉地方賢逮之劻勷，差免覆餗，然猶憾於舊聞掌故之著於典籍者，頗多闕漏。今者續志告成，舉凡先賢善政，地方庶績，與乎形勢之變遷、制度之沿革，咸窮搜備列，而體例取捨之間，尤周詳審慎，秉公覈實，使後之從政者得以正鏡旁鑑，循軌繼轍，為興革治理之準則。《詩》云：『不愆不忘，率由舊章。』維茲簡策，有足珍焉。中華民國二十四年八月，湘潭李冷謹敘。」

王任民序曰：「余蒞川沙未三月，適縣志纂修已定，蓋距陳公方瀛續修廳志將六十載矣。其間事物之變遷、文化之演進，幸茲可觀。明析經緯，鉅細靡遺，至表彰功德，闡揚治道，亦所以垂不朽耳。縣境半濱江海，屏蔽淞滬，自明嘉靖間築城備寇，清設水師專事巡洋。今則環境不同，而機宜亦異，民雖樂業，而寇勢方張。證今考古，決政事之緩急，求驗物之無訛，有恃此志。爰前教育部長黃任之總纂，與夫地方碩彥張伯初、陸薇汀諸先進殫精竭慮，互砥其成。將付剞劂，屬為之序。夫往者未遠，為今甚暫，願後世續志，億萬斯年。中華民國二十五年一月，試署川沙縣縣長昌平王任民謹序。」

陸炳麟序曰：「修譜者，子孫之責也。譜久不修，木本水源，茫無稽考，咎莫大焉。修志者，地方之事也。志久失修，疆域、戶口、田賦、學校諸要政，代遠年湮，見聞舛誤，恥莫大焉。川邑舊有《廳志》，一成於清道光十六年何司馬士祁，一修於光緒五年陳司馬方瀛。民國元年，廳改為縣。二年，方知事鴻鎧從邑人士之請，批准撥款，續修川志。三年，李知事彥銘季、炳麟為志局主任，堅辭不獲，乃於是年冬商借場署餘房，設局開辦，與主纂黃君任之、協纂張君伯初暨市鄉訪纂諸君，往返函商，殆無虛日，至五年冬而訪稿略備，遂議彙送主協纂校閱付梓，尅日觀成。顧遲至又久，而斯願未償者，詎無因哉？八年六月，外交問題響應全國，罷學罷市，動魄驚心。修志事宜，遽爾中止，一也。吾邑彈丸蕞爾，地瘠民貧，經費不繼，不得不暫行停頓，二也。本局各員皆有專職，勢不能聯翩駐局，晨夕會商，三也。職是之故，昔年訪稿，一轉瞬間已成明日黃花，恐難饜閱者之目。乃於十七年春重行會議，就前稿繼續采訪，編至十五年，終告一段落。又以國難頻仍，天災迭見，不克專心從事，洎二十二年冬，由編纂員會函訂同志八九人，假觀瀾小學之濤園局修志乘，夜以繼日，不遺餘力，攝影賦詩，以為紀念，如是者一星期。自是厥後，續假真武臺之連城別墅，潛心工作，凡四五次，每次四五日，至二十

年冬，全部二十四門志稿完全告成。其在十六年以後之有關繫、有價值者，則設贅錄一門，俾後之人有所考據。又慮紀載之尚留遺憾也，則復定期展覽，付諸公閱，以服與情。至二十五年，而始出版。蓋自設局開辦以來，已閱二十寒暑矣。以視昔之何、陳兩志，其敘事之繁簡、成功之難易、歷時之遲速，相去何如也。炳麟蒲柳衰齡，學殖荒落，天假之年，得與志務相終始，目覩瀕海一隅，日積月累，成此巨編，抑何幸歟？爰就二十年之經歷臚述梗概，著之於篇。中華民國二十五年春，邑人陸炳麟，時年七十有九。」

張志鶴跋曰：「余不文，何足以言纂志？民國三年冬，修志局既成立。翌年四月，范知事澤珊瑚（鐘湘）聘任余為訪稿審查長，五月，又被聘為協纂員，愧負虛名。蓋餘之實際工作，僅為一校勘員而已。五年秋冬間，陸續收到訪稿，每以公餘倚檠，逐加審閱。立一小冊，條記應商各點，分函陸主任衢老、黃主纂任之兄取決之；一面將輿地等稿，就正於上海姚子讓先生；財賦稿，寄呈於方前知事仰儒先生；物產稿，請博物學家吳江淩文之、吳和士兩先生代為審查；並另托顧君淩雲、孫君芷蓮，鈔錄已閱之稿本。又與陸生潤民等，研討地圖測繪事宜。詎於是年冬盡春初，余患傷寒，一病幾殆，自此停頓。旋志局亦以時事多故，中止進行。十七年後，賡續前議，余雖為備員之一，而未有所獻替。二十三四年間，七次齊集編纂各員，分工合作。黃主纂以大刀闊斧，釐定體裁，抉擇資科。分纂諸君，奉命將事，余亦聊供驅策。全稿既成之日，黃主纂以詒余曰：'草創粗備，水磨工夫，君之責也。'余以豕亥魯魚，毫釐千里，何能肩此重任？然亦義無可辭，乃相約隨時商洽。二十五年一月初旬，在真武台達城別墅公開閱覽畢，由川攜稿來滬。統觀前後各門，事實有重複或闕漏者，文字有矛盾或訛謬者，應待校補修正，需時尚多。同月二十九日，黃主纂將游蜀，余往商志稿付印事，決定由國光印書局承辦。越旬日，黃主纂於途中，以航空快遞函囑補縣農場稿，而余亦以試印之樣本若干葉，航快寄請核定後，依次照印。自是，每日必校印樣，隨校對，隨修改，故每種必覆校三四次。日不足，繼之以夜，每因公冗積壓，時有在深宵一二句鐘，仍理丹鉛者。校定清樣，先製紙版，二十四卷次第完竣，乃就紙製鉛，印出再校，仍有訛字，每卷各若干處，重行改製，然後上架正式印行，恐出版後猶復訛字迭見也。全書八百葉，歷一年間之長期校勘工作，而仍不能免訛字之多，抱歉奚似！惟印費借重陸主任、黃主纂摯衝，由余奔走分向邑人士暨各機關團體募捐，共得四千四百余金，連同縣地方公款二千金，足以

應付。是可告慰志局同事諸公，并以道謝各輸捐者。至結束後能有盈餘，得再增籌，完成特建藏志閣之初願，尤所盼禱焉。民國紀元二十六年一月，張志鶴譔於上海浦東同鄉會。」

是志為民國名志之一，採取互見法，「簡而有要」〔註38〕，有二十二志。各志「皆先以概述，有類章學誠所為序列，而實不同，蓋重在簡略說明本志內容之大要，而不盡闡明義例」〔註39〕。圖單列一冊，又有攝影，分列入卷十五及卷二十四。卷一大事年表，卷二輿地志，卷三戶口志，卷四物產志，卷五實業志，卷六工程志，卷七交通志，卷八財賦志，卷九教育志，卷十衛生志，卷十一慈善志，卷十二祠祀志，卷十三宗教志，卷十四方俗志，卷十五藝文志，卷十六人物志，卷十七職官志，卷十八選舉志（上、下），卷十九議會志，卷二十司法志，卷二十一警務志，卷二十二兵防志，卷二十三故實志，卷二十四敘錄。

是志斷限，起清光緒五年（1879），迄民國五年（1916）。1917至1926年間事，循《通典》之例，記於每事之末，名曰「贅錄」。

《中國地方志聯合目錄》、《中國地方志總目提要》著錄，《中國古籍善本書目》、《中國古籍總目》著錄，《上海地方志簡目》、《上海方志資料考錄》、《上海方志提要》、《上海方志通考》著錄。

有《中國方志叢書》影印本，成文出版社，1974年出版；又有《中國地方志集成・上海府縣志輯》影印本，上海書店，1991年出版。有餘霞客點校本，收入《上海府縣舊志叢書・川沙縣卷》，上海古籍出版社，2011年出版。

除上海博物館圖書館外，中國國家圖書館、中國民族圖書館、首都圖書館、上海圖書館、南京圖書館、內蒙古自治區圖書館、北碚圖書館、北京大學圖書館、清華大學圖書館、復旦大學圖書館、華東師範大學圖書館、南開大學圖書館、中國科學院圖書館、中國科學院南京地理與湖泊研究所、中國社會科學院考古研究所、南京博物院、河南省社會科學院圖書館、上海辭書出版社、「中研院」史語所、臺灣「內政部門」圖書館、日本國會圖書館、東洋文庫、京都大學人文科學研究所、美國國會圖書館、哈佛大學哈佛燕京圖書館、哥倫比亞大學圖書館、芝加哥大學圖書館、等多家公藏機構有收藏。

〔註38〕倉修良：《方志學通論》（修訂本），上海：華東師範大學出版社，2014年，第319頁。

〔註39〕上海師範大學圖書館編：《上海方志資料考錄》，第147～148頁。

（二）又一部　民國鉛印本川沙縣志　807.2 / 236：1

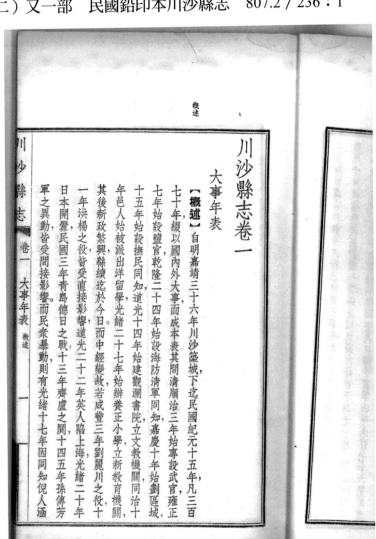

　　〔民國〕《川沙縣志》二十四卷首一卷，方鴻鎧、陸炳麟修，黃炎培纂。民國二十六年（1937）上海國光書局鉛印本。1函12冊。半葉12行，行32字，小字雙行同。下黑口，四周雙邊，單魚尾。版心上記「川沙縣志」，中記卷次及目名，下記頁碼。書高25.6釐米，寬15.1釐米，框高18.6釐米，寬12.3釐米。有牌記「民國二十六年一月國光書局印」。首有目次、職名、例言、導言、圖（川沙縣全境圖、川沙市區圖、長人鄉圖、高昌鄉圖、八團鄉圖、九

團鄉圖、橫沙鄉圖、縣公署圖、下砂場署圖、公安局圖、孔子廟圖、公立小學校圖、惠北小學校圖、公共體育場圖、中山公園圖、縣商會圖、至元堂圖、川沙縣模范公墓圖、上川交通公司路線總圖）、民國二十五年（1936）一月方鴻鎧《序文一》、民國二十四年（1935）八月李冷《序文二》、民國二十五年一月王任民《序文三》、民國二十五年陸炳麟《序文四》，末有張志鶴《跋》，附勘誤表。

（三）又一部　民國鉛印本川沙縣志　807.2 / 236：2

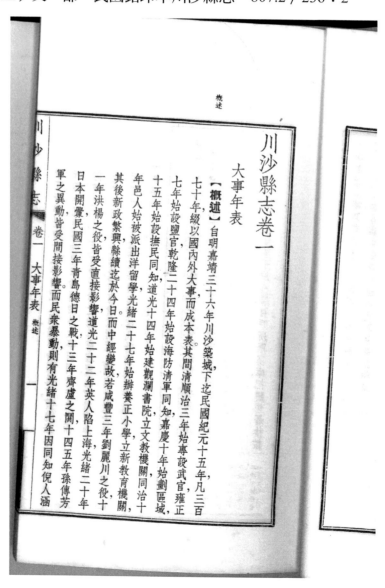

　　〔民國〕《川沙縣志》二十四卷首一卷，方鴻鎧、陸炳麟修，黃炎培纂。民國二十六年（1937）上海國光書局鉛印本。1 函 12 冊。半葉 12 行，行 32 字，小字雙行同。下黑口，四周雙邊，單魚尾。版心上記「川沙縣志」，中記卷次及目名，下記頁碼。書高 25.6 釐米，寬 15.1 釐米，框高 18.6 釐米，寬 12.3 釐米。有牌記「民國二十六年一月國光書局印」。首有目次、職名、例言、導言、圖（川沙縣全境圖、川沙市區圖、長人鄉圖、高昌鄉圖、八團鄉圖、九團鄉圖、橫沙鄉圖、縣公署圖、下砂場署圖、公安局圖、孔子廟圖、公立小學校圖、惠北小學校圖、公共體育場圖、中山公園圖、縣商會圖、至元堂圖、川沙縣模范公墓圖、上川交通公司路線總圖）、民國二十五年（1936）一月方鴻鎧《序文一》、民國二十四年（1935）八月李冷《序文二》、民國二十五年一月王任民《序文三》、民國二十五年陸炳麟《序文四》，末有張志鶴《跋》，附勘誤表。

第三章　小志類

　　上海地區有悠久的小志修撰歷史。青龍鎮於宋時為名鎮，北宋梅堯臣撰《青龍雜志》，而南宋林鑒繼之撰《續青龍志》。明、清兩代，江南地區經濟富庶，文化發達，加之地方學者熱衷鄉邦文獻之傳，不乏私家修鄉、鎮、村、里志者。除崇明縣外，其餘各縣均有小志存世。許洪新《上海地方志述評》一文統計上海鄉鎮志，「共有鄉鎮志百三十多種，覆蓋在七十多個鄉鎮」〔註1〕。此外尚有為數不少的村志、里志。這些小志，記載地方的「興衰沿革文物大事，反映了一隅的自然於人文的情狀和變化，所記多為府縣志所不逮，史料價值較高」〔註2〕。這些小志，多以稿本、鈔本形式存在，也有不少已遺失不存。

　　上海博物館圖書館收藏上海小志十六種，有一半比較稀見，甚至是孤本，頗具學術價值與文獻價值。各鄉、鎮、村、里隸屬或有變化，今按志書修纂時的隸屬予以編次。其所隸屬者，有嘉定、上海、青浦、寶山、金山五縣。

第一節　嘉定縣小志

　　嘉定人文薈萃，從小志的修纂中可窺見一斑。上海博物館圖書館藏嘉定縣小志七種。除此七種以外，嘉定縣小志尚有以下數種：明殷聘尹編〔崇禎〕《外岡志》二卷，清錢肇然撰〔乾隆〕《續外岡志》四卷，清陸詠荃輯、陸世

〔註1〕金恩輝、胡述兆主編：《中國地方志總目提要》，第9-3頁。
〔註2〕金恩輝、胡述兆主編：《中國地方志總目提要》，第9-3頁。

益增補〔民國〕《外岡新志簡編》十三卷,清陸立撰〔乾隆〕《真如里志》四卷,洪復章撰〔民國〕《真如里志》八卷,王德乾撰〔民國〕《真如志》八卷首一卷末一卷,清蕭魚會、趙稷思輯〔嘉慶〕《石岡廣福合志》四卷,清張承先著、程攸熙訂〔嘉慶〕《南翔鎮志》十二卷首一卷,清章樹福纂〔咸豐〕《黃渡鎮志》十卷首一卷,清章圭璨輯〔宣統〕《黃渡續志》八卷首一卷,清童世高纂〔民國〕《錢門塘鄉志》十二卷首一卷,呂舜祥修,武煆純編《嘉定疁東志》不分卷等。〔註3〕

一、方泰志

(一)清嘉慶刻本方泰志　807.2／268

〔嘉慶〕《方泰志》三卷,清王初桐纂輯。清嘉慶十二年(1807)刻本。2冊。半葉10行,行22字,小字雙行同。黑口,左右雙邊,單魚尾。版心中鐫「方泰志」及卷次,下鐫頁碼。書高24釐米,寬15.7釐米;框高14.9釐米,寬12.9釐米。首有清嘉慶十二年正月王元勳《方泰志序》、目錄,末有王進祖跋。

王初桐(1729~1821),字於陽,原名元烈,字耿仲,號竹所,嘉定方泰人。諸生,例選山東齊河縣丞,歷署新城、淄川、平陰、壽光、濰縣等知縣,寧海州同知。初桐著述頗豐,有《魯齊韓詩譜》四卷、《西域爾雅》一卷、《水經注補正》一卷、《夏小正正訛》一卷、《濟南竹枝詞》一卷、《小嫏嬛詞話》三卷、《奩史》一百卷、《貓乘》八卷、《蝶譜》九卷等,纂〔嘉慶〕《嘉定縣志》。

方泰,因方泰寺而得名。宋元以前,寺旁村落稱方泰墟。康熙間始稱鎮。

王元勳序曰:「方泰蕞爾荒墟,自百餘年來,嚴、陳振起,始有鎮之稱。前此,惟南王北邱而已。吾宗高涇一支卜居於永樂間,以饒裕稱者三百餘載,大抵豪右而兼風雅。而邱則時時講明於庸德庸行之常,以故兩家子孫食報,邱勝於王。迄今衰敝,邱尚皆有恆產恆心,王則不能矣。從弟竹所,超然拔萃人也,文采風流之目,一時甲於海內。經眼群書,至於二十萬卷有奇。平生著述,半已刊布。茲歸田七載後,作《方泰志》三卷,記載體裁,而范之以史家圭臬,不為褒貶之詞,陰寓監戒之意,蕭灑蘊藉,有歐陽氏之風。他日高涇後

裔，仍理詩書舊業，諷誦及之，倘或為之感慕而興起焉，則是編之有裨於王氏何如也？雖然，豈獨有裨於王氏哉？豈獨有裨於王氏哉？嘉慶十二年歲次丁卯上元後三日，兄元勳書於彩虹橋之紅梨翠竹山房，時年八十。」

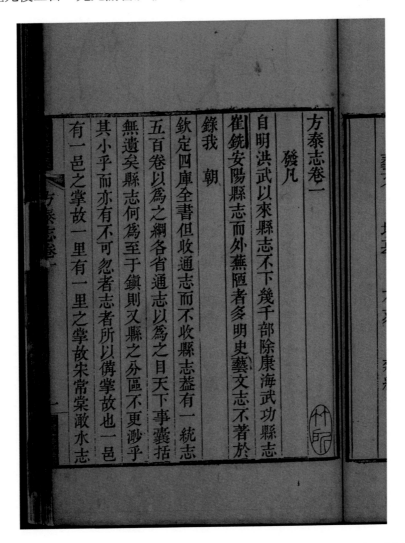

自明洪武以來縣志不下幾千部除康海武功縣志
崔銑安陽縣志而外蕪陋者多明史藝文志不著於
錄我朝
欽定四庫全書但收通志而不收縣志蓋有一統志
五百卷以為之綱各省通志以為之目天下事囊括
無遺矣縣志何為至于鎮則又縣之分區不更渺乎
其小乎而亦有不可忽者志者所以備掌故也一邑
有一邑之掌故一里有一里之掌故宋常棠澉水志

方泰志卷一
　　發凡

王進祖跋曰：「《方泰志》一冊，丙寅夏秋之交，竹所叔父破三月之功為之，丁卯冬日重加洗伐而剞劂之。叔父曾修《泰山志》矣，曾修《濟南府志》矣，曾修《金山志》矣，皆未卒業，稿亦無存。惟《壽光縣志》完書刊布，東省眾推精當，考據之學深也。方泰僻陋荒隅，別無證佐，賴有從祖非園公及邱氏寒穀子兩家日記，皆多登載里中軼事，叔父搜羅散籍，得之於叢殘澌漫之餘，刪其蕪蔓，擷其雅馴，又益之以近今之聞見，一邱一壑，歷歷可稽。至

於人物各門，如黃忠節、黃偉恭，早已光諸史冊。二黃而外，雖或稍狗輿情，要皆幽光潛德，無溢美，無傅會，簡而有要，視程汝玉《汶口志》、郎遂《杏花村志》、王維德《林屋民風》等書，皆不啻過之，以是備一里之掌故，可以信於今而傳於後無疑也。古今來深山大谷，書策不載，終於晦昧無聞者，何可勝數？以區區之小鎮，而乃得藉文以傳，文章之事，顧可少乎哉？姪進祖謹跋。」

是志由里人陳經元採訪，陳璋校錄，陳鵬參訂，「聊據耳目聞見之所及者著於篇」（本志《發凡》），凡四十二目。其間，以纂輯者王初桐事蹟列入《吏隱》、《雜綴》，著作列入《藝文》，頗不合方志體例。卷一發凡、源委、疆界、街市、八到、寺院、廟宇、水道、橋樑、村落、第宅、園亭、宗祠、坊表、岡墩、厲壇、古蹟、土產、風俗十九目，卷二儒林、文苑、孝友、忠烈、賢達、俊傑、德義、善良、進士、舉人、歲貢、例貢、職員、仕宦、吏隱、封贈、仙釋、列女、流寓十九目，卷三藝文、墳墓、石刻、雜綴四目。

此本有朱、墨筆圈點，舊有修復。第二冊卷端葉鈐「泉五手記」朱文方印。

《中國地方志聯合目錄》、《中國地方志總目提要》著錄，《中國古籍善本書目》、《中國古籍總目》著錄，《上海方志資料考錄》、《上海方志通考》、《上海方志提要》著錄。《中國地方志總目提要》以為刻本藏上海圖書館，鈔本藏上海博物館〔註4〕，不確。《上海方志簡目》著錄是志而未著錄是版。

《中國地方志集成‧鄉鎮志專輯》所影印者為上海圖書館藏傳鈔本。有吳宣德、楊豔娟整理本，收入《上海鄉鎮舊志叢書》，上海社會科學院出版社，2004年出版。

上海博物館圖書館收藏。又有民國四年（1915）嘉定陳氏鉛印本，王元勳序前附以陳乃鈞序；又有傳鈔本藏上海圖書館。

二、安亭志

（一）清嘉慶刻本安亭志　807.2 / 267

〔嘉慶〕《安亭志》二十卷，清陳樹德、孫岱纂。清嘉慶十三年（1808）刻本。1函4冊。半葉10行，行21字，小字雙行同。白口，四周單邊，單魚尾。版心中鐫「安亭」、卷次及卷名，下鐫頁碼。書高24.5釐米，寬16.2釐

〔註4〕金恩輝、胡述兆主編：《中國地方志總目提要》，第9-30頁。

米；框高 20.7 釐米，寬 14.9 釐米。首有嘉慶十三年五月吳桓《安亭志序》、
凡例、安亭鎮圖、目錄，末有嘉慶十二年（1807）七月陳樹德自跋。

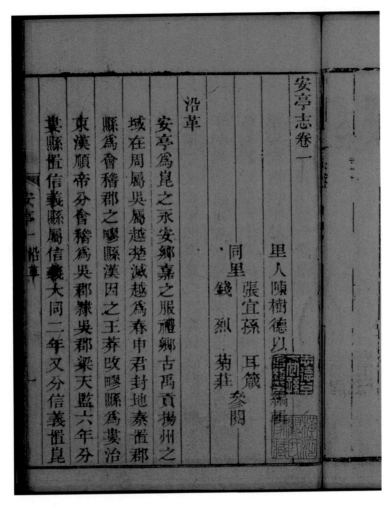

　　陳樹德，字以誦，號槐江、槐江學人，監生，嘉定安亭人。著《三傳策
蒙》、《黃忠節公年譜》等。孫岱，字子佩，嘉定安亭人，陳樹德外甥。著《三
潞齋詩文集》、《守齋類稿》等。

　　安亭，立鎮於漢代，名稱沿用至今。宋嘉定年間曾改為服禮鄉。安亭於
清代隸崑山、嘉定二縣。

　　吳桓序曰：「宋樂史作《太平寰宇記》，以人物之有無，分都邑之華陋。
蓋十室之邑，必有忠信，而地以人傳其名，即於是乎重也。安亭為有明歸太
僕讀書講學處，其地參錯乎崑山、嘉定兩邑之交，饒物產而秀人文。地雖僻

壤，而有通都之觀焉。比歲，方有事於邑志之修，予惟官局修書，不足以該備纖悉，於是邑之老於掌故者，乃各纂其地之所睹記，分分而合合，由此以輯為一書，不難矣。夫耳聞者多華詞，目驗者多質語。華不足以存信，而質亦不足以行遠。質而文之，乃可信今而傳後。是則有斯土者之任也，而非久於斯土者，則亦不能網羅始終，以為完書而無遺憾。是又在後之讀是書者有宏通博雅之才，取而損益之，始無負於作事謀始者也。是為序。時嘉慶十三年歲次戊辰夏五月，文林郎、知嘉定縣事無為吳桓撰。」

陳樹德跋曰：「安亭雖蕞爾地，然當元明之世，甲第連雲，市廛隱軫，秀民畸士，項背相望，而高賢亦於焉託處，稱極盛焉。顧里中遺事，尟有記載之者。自國朝康熙、雍正間，夏澄、衛楫輩皆有意著錄，屬草未竟，旋就散軼。逮我甥孫岱以留心文獻為己任，搜存補亡，閱五年，輯《安亭人物志》三卷粗訖，遽捐館舍，不潰于成。去冬，我暱諸鄉聚援鹽邑志林之例，匯刻鎮志。瞿君木夫以餘生長是鄉，郵書屬余踵成。余維志者，記也，積記其事而條分之也。我安亭向未有成書，其草創之也固難，若余之謭陋，又無分任之人，且加以歲月迫趣，不更難之難哉？然余重違其意，不敢固辭，姑就聞見所及，凡五閱月，約舉二十餘條，分一十七卷，合孫岱所編《人物志》，匯成二十卷。方期同里諸子汰其繁蕪，訂其譌謬，不謂遽付鋟梓。其間舛錯，何可勝言？刊而正之，是所望於後之君子。強圉單閼之相月，槐江陳樹德識於東田之含清輝池館。」

是志「以草創方始，寧詳毋略，遂至坐長繁蕪，而譌謬處亦不加訂正，僅可備邑志之採擇而已。其所分疏，首嘉定而後崑山，以志為嘉定作也」〔註5〕，有十七門。卷一沿革、緣起、坊巷、津梁、營汛，卷二水道（水利附），卷三風俗（物產附）、田賦（圖圩附），卷四小學、選舉，卷五至十二藝文（卷五至八文編），卷九至十一詩編，卷十二書目、碑目），卷十三古蹟（第宅、園亭附），卷十四祠廟（寺觀附），卷十五冢墓，卷十六至十八人物，卷十九列女，卷二十雜識。

此本首卷卷端鈐「志德公十七世孫克紹印」白文方印、「潢沔顧氏家藏」朱文方印。

《中國地方志聯合目錄》、《中國地方志總目提要》著錄。《中國古籍總目》著錄。《上海方志簡目》、《上海方志資料考錄》、《上海方志通考》、《上海方志

〔註 5〕周中孚：《鄭堂讀書記補逸》，第 378 頁。

提要》著錄。

《中國地方志集成·鄉鎮志專輯》所影印者為民國二十六年（1937）安定吳廷銓鉛印本。有朱瑞熙點校本，收入「江南名鎮志系列」，上海古籍出版社，2003 年出版；又有王健標點本，收入《上海鄉鎮舊志叢書》，上海社會科學院出版社，2004 年出版。

除上海博物館圖書館外，上海圖書館、南京圖書館等收藏。另有稿本（陳樹德《安亭志稿》、孫岱《安亭江志稿》），藏上海圖書館；崑山圖書館鈔本，藏南京博物院；民國五年（1916）油印本，藏甘肅省圖書館等；民國二十六年（1937）安定吳廷銓鉛印本，藏中國國家圖書館、中國民族圖書館、上海圖書館、復旦大學圖書館、華東師範大學圖書館、中國科學院圖書館、中國國家博物館等。

三、馬陸志

（一）清嘉慶刻本馬陸志　807.2／264

〔嘉慶〕《馬陸志》七卷，清封導源編。清嘉慶二十年（1815）刻本。1 冊。半葉 10 行，行 20 字，小字雙行同。白口，四周單邊，單魚尾。版心中鐫「馬陸」與卷次，下鐫頁碼。書高 25.2 釐米，寬 16 釐米，框高 20.7 釐米，寬 14.7 釐米。首有清嘉慶二年五月李賡芸《序》、嘉慶二十年三月封導源自序、凡例、目錄、馬陸鎮圖。

封導源，字潊川，嘉定馬陸人。

馬陸，宋末馬、陸二姓聚集，後人口繁衍而得名馬陸村。元明時期，由村而成鎮。

李賡芸序曰：「封子潊川，予總角好，壯歲同遊庠，為談文知己。嘗輯《馬陸志》成，問序於予。予讀之，喜其事之核而詞之簡也。夫志昉於《周禮》春官之屬，『小史掌邦國之志』。自王國以至侯封，各記其事而志以稱焉。今之郡縣視古侯國，其有志焉宜也。下此若邨墟、市鎮，與夫一山一水之勝，既載於郡邑，又從而志之，似近於濫觴。然小者大之徵。里志雖微，可備郡縣之採擇，故如紀王、諸翟等志，亦足以存而不廢也。馬陸在澬江門外嘐城鄉，幅員甚隘，而自宋馬、陸二姓託跡以來，聲名文物日臻於盛，其間之潛德幽貞，一切事蹟，為邑志所未盡載。封子居是鄉，懼文獻之無傳，周諮博訪，搜羅攟摭，分門別類，輯成一書，其用心亦良苦矣。嗟夫，古今之著述蓋

難言之專，已病其私心徇人，同於築室，凡書皆然，志為甚。封子是作不立異，不苟同，發凡起例，悉仿志乘，敘事本龍門家法而變通之，寬而不濫，嚴而有法，洵足為閭里之信史。傳諸後世而無疑，何不可與郡縣志書並為大雅所重哉？封氏原籍薊州，為唐學士碩膚公之後，至宋承事郎載誼公隨駕南渡，退隱封家濱。元末，僑寄封家衖。自封家衖卜築於仙溪，即今馬陸者是。累世簪纓，為畹南望族。予不才，情縻升斗，冗於吏事，屢欲接教而多違。回憶前此之握手言歡，邈不可得。茲者承乏平湖，偶因告解旋里，披讀是志，奚啻惠吾好音也？爰綴數言以徇其請。嘉慶二年五月十五日，同學愚弟許齋李廣芸拜撰。」

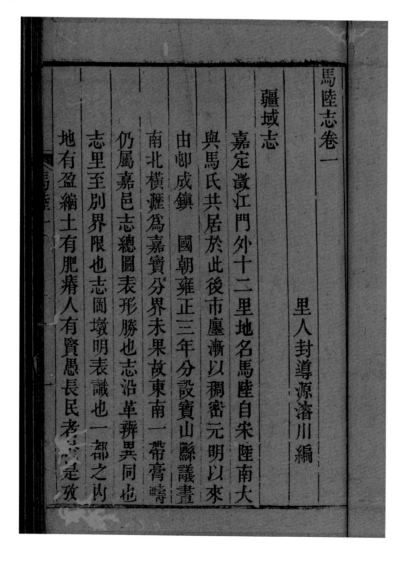

封導源自序曰：「蓋聞文獻無徵，古人最惜；簡編失實，君子尤譏。故國史纂修，獨資記事。即稗官著述，亦備采風吾里。比枕石岡南，控鶴皁左，繞雷墩白灘之分流，右引漳浦淺江之支派，聚一闠之市廛，幅員不盈尺五，散萬夫於阡陌，編戶半業農桑。自張陸發祥於宋季，代有文人封婁著跡於勝朝。雅多達士，尋舊墨於橫渠，展讀潛溪題跋，訪遺書於伯達，緬懷介令芳型，（邑侯介公蒞任，曾訪伯達著作。）第年久失傳，跡多淹沒，故情殷核實，紀欲周詳。今勝朝教洽方隅，澤周片壤，好修者既迭著其清芬，抱德者亦屢賓夫鄉飲，或思親而至行深醇，或述祖而高文綺麗，或積學而列貢科之選，或苦節而揚彤管之輝。他如隱逸，則終始潛修技能，則後先擅美，比玉松圓之客館，遺址久湮；蒪園邁軸之高人，流風堪溯。與夫橋樑水利之紛更，物產土風之互異，苟非悉心採訪，無由證實跡於曩時。惟是刻意旁搜，庶可免傳疑於後日。爰循�澉浦遺規，發凡起例，略仿《練川野錄》，分類成編。嘉慶二十年歲次乙亥春三月，里人封導源澉川撰。」

是志「編輯多本先曾祖筆記採錄，又諮訪二十餘年，甫能脫稿。體例大略依仿邑乘，意在傳信將來，故事歸核實，不敢匿美虛譽」（本志《凡例》），有七門，三十五目。卷一疆域志，分沿革、裏至、岡墩、總圖四目。卷二建置志，分坊表、祠廟、街市、橋樑四目；水利志，分幹河、支河二目。卷三選舉志，分進士、舉人、貢生、武舉、雜進、封贈、鄉飲賓七目。卷四至五人物志，分賢達、忠孝、文學、隱逸、潛德、方外、藝術、列女八目。卷六藝文志。卷七雜類志，分古蹟、亭埭、墳墓、物產、祥異、風俗、歲時、四景、雜事九目。

此本偶有墨筆圈點；末頁殘損，舊有修復。

《中國地方志聯合目錄》、《中國地方志總目提要》著錄；《中國古籍善本書目》、《中國古籍總目》著錄；《上海方志資料考錄》、《上海方志通考》、《上海方志提要》著錄。惟《中國地方志聯合目錄》、《中國地方志總目提要》皆稱之為「馬陸里志」〔註6〕，不確。《上海方志簡目》著錄是志而未著錄是版。

《中國地方志集成・鄉鎮志專輯》所影印者為清嘉慶年間鈔本。有戴揚本標點本，收入《上海鄉鎮舊志叢書》，上海社會科學院出版社，2002年出版。

〔註 6〕中國科學院北京天文臺編：《中國地方志聯合目錄》，第19頁；金恩輝、胡述兆主編：《中國地方志總目提要》，第9-31頁。

除上海博物館圖書館外，美國國會圖書館等收藏。又有清嘉慶年間鈔本，藏上海圖書館；民國三十七年（1948）張乃銓鉛印本，係洪岳生以是志為基礎增補而成，藏上海圖書館、南京大學圖書館等。

四、紀王鎮志

（一）清光緒稿本紀王鎮志　　807.2 / 265

《紀王鎮志》四卷首一卷，清曹蒙纂。清光緒二十三年（1897）稿本。2冊。半葉 9 行，行 21 字，小字雙行同。書高 26 釐米，寬 18.4 釐米。首有佚名《紀王鎮志序》、曹蒙《紀王鎮志後序》、凡例、目錄、紀王鎮圖（徐少範繪）。

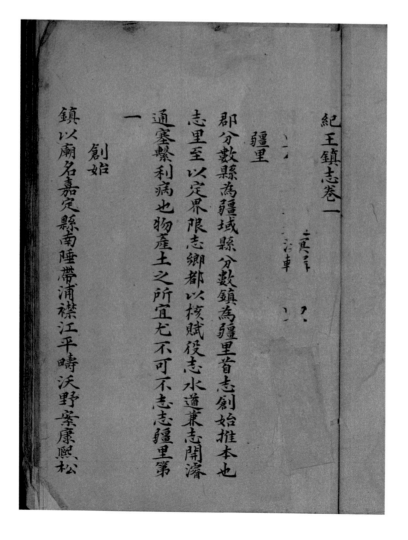

　　曹蒙，字起溟，又字桐孫、孔昭，嘉定紀王鎮人。諸生，著《抱玉堂詩集》等。

　　紀王，又稱臨江、淞南，建鎮於明，因紀王廟而得鎮名。紀王廟祀土地神紀信。鎮隸嘉定縣，1958 年劃歸上海縣，今屬上海市閔行區。

　　佚名序曰：「《周禮》：小史掌邦國之志，外史掌四方之志。其時志繫於史也。洎唐李吉甫撰《元和郡縣志》、宋常棠撰《澉水志》，志與史分，而郡縣鎮志接跡起。志通都大邑無論已，若蕞爾偏隅，志無可志，往往借才異地，粉飾鋪排。明以來稱絕作者，除康對山《武功志》外，惟韓五泉《朝邑志》。書止二十餘頁，敘次點綴，綽有餘閒，無局促之跡，要之實本《澉水鎮志》也。予犬馬齒加長矣，奔走無所遇，侘傺家居，顧自束髮以迄今，凍餒之侵擾，患難之磨折，於古人所學，不及登其堂而嚌其胾。堂堂白日，疏忽過之，可痛也。歲值閏二月，日躔鶉火，已炎威孔熾，米鹽凌雜，方寸猶焚，徐生少範語余曰：『吾鎮曩有《臨江小志》，僅載藝文，罔合體例。先生嘗賦閒，盍志桑梓，為文獻之徵？』夫鎮肇於明初，越五百載，雖無膏澤仁民為先達，文章壽世為先哲，然其間陵谷遷移，盛衰倚伏，舉凡節婦義夫有梗概，騷人逸客有題詠，樂善之士有施濟，聽其湮沒，曷足儀型後進哉？即令少範採訪，為之次第。藉父老之傳聞，彰潛幽之事蹟，以是消長夏焉。篇章之束縛，緣志無可志，非敢云遠宗常棠，謬附窮悉而著作也。」

　　曹蒙後序曰：「郡有邑，邑有鎮，由來久矣。《說文》云：『鎮，博壓也。』市以鎮名，取乎安重不遷之義也。嘉定縣四隅，鎮凡二十有奇，多在吳淞江北岸。南岸則紀王、諸翟二鎮。諸翟錯處上、青，惟紀王全隸嘉定。市廛雖隘，物產頗豐。國初張天卿輯有《臨江小志》，僅列傳與紀將軍廟題詠而已，其他闕如。綜嘉定新縣志所載，茲鎮事實尤不符，蓋緣採訪者顢頇，總纂者又懶於搜輯，將錯就錯，以訛傳訛。庚寅夏，蒙適賦閒，徐生少範慫恿撰鎮志，乃從其請，以創始、營建、人物、雜志次第分編，質諸閔君頤生、宋丈問青。閔君為張南沙高足，與修《松江府志》、《華亭縣志》。宋丈博雅為一邑最，與修新縣志，而憤總纂之潦草遽竣，如洪更生於《宣城志》也。各示蒙可否，俾詳所應詳，略所應略，庶幾補小志之闕，正新縣志之訛，備異日續修縣志之考證焉。蒙辛卯至癸巳客滬，甲午客吳門，乙未、丙申重客滬。其間應試金陵，抱屙里舍，卒卒無須臾暇，是書猶未竟也。丁酉遷婁邑泗涇鎮，長夏旱甚，盼澤殊殷殷。已而霪雨成霖，杜門不出，乃出篋中稿重加增損，鳌定四

卷，郵寄少範，俟諸同志匡襄剞劂云爾。時（下缺）」

是志以《臨江小志》為基礎纂修而成，體例較之完備，內容亦隨之增加，有四門，十九目。每門有小序，述設立之由及其內容。卷一疆里，有創始、裏至、鄉都、水道（附開濬）、物產五目；卷二營建，有小學（附營房）、廟祀（附善堂）、祠墓（附義冢）、街道、橋樑、坊表、園墅、庵觀（附古蹟）八目；卷三人物，有人物（附列女）、流寓（附方外）二目；卷四雜記，有誌異、志寇、軼事、藝文四目。

此本內封題「壬辰季夏邑人宋道南拜讀一過」，鈐「老鐵」朱文方印。上冊、下冊末葉均鈐「陸希朗印」白文方印、「鑑秋」朱文方印。卷四「軼事」補清光緒二十三年中秋前一日徐良模撰《陸紹周傳》於天頭處，後鈐印「少範」朱文方印、「徐模私印」白文方印。末有清宣統三年（1911）九月陸鴻詔《書紀王鎮志後》。

陸鴻詔書後曰：「志，史乘類也，將以紀其實而傳其信。故夫境之所有，微論一丘一壑、一名一物，凡可記載則筆之。人生其間，苟所行事，有足以動人稱述者，亦筆也。非以博名，蓋將風世。我鎮舊有《臨江小志》，係國初張震高天卿手輯。凡其所載，除里人列傳暨諸先哲紀將軍廟題詠外，概付闕如。光緒二十三年丁酉，聞曹先生起溟撰《紀王鎮志》，敘次分明，搜羅周遍。時詔以秋闈迭試，再薦未售，醉心帖括，未經借閱。宣統辛亥歲，詔詮次家譜，將有參考，乃於譜兄徐少範處借而讀之，見匯成兩帙，釐定四卷，別疆里、營建、人物、雜志四大綱，而中又分之以細目，較張志完備多矣。及讀至紀將軍廟各題詠，與張輯不無小異，如陸天隨『黃屋遙乘脫漢王』作，張志載而曹志略；陸西泉『滎陽報國自甘焚』作，張志缺而曹志列是也。然增刪，古來恒事，無庸一一印證。惟『滎陽城上愁雲墮』一作，張志敘陸西泉，而曹志則載費九皋，不知先生何所本云然。然又讀至《人物志》及《雜志》中《志寇》各節所載，能忠能孝，或節或義，同仇敵愾者不乏其人，我家如四先叔武尚諱鳳威者，幼時過繼蘇姓，亦於咸豐庚申粵難棄家從戎，率隊衝鋒，陣亡於火燒橋（火燒橋即虎嘯橋，在安亭北數里）。又出嗣叔諱鳳輝字雲章，人雖中壽，當同治十年冬，念本生母病危，曾隨其兄、其先君子紹周諱鳳岐、五胞叔桂山名鳳標侍疾床頭，衣不解帶者累月，並隨同先後到肱進劑療親，其苦心苦志，不無可述，而均不及一語。用是心有所感，略附數語於後。時宣統三年九月，里人陸鴻詔附注。」鈐「鴻詔」朱文長方印、「□綸」朱文長方印。

　　《中國地方志聯合目錄》、《中國地方志總目提要》著錄,《中國古籍善本書目》、《中國古籍總目》著錄,《上海方志資料考錄》、《上海方志提要》、《上海方志通考》著錄。各家著錄於纂輯者,皆稱字而未稱名,惟載之點校該志時所撰《整理說明》得之。修志時鎮隸嘉定縣,而各家著錄多按今屬以隸於上海縣或閔行區,亦容可商榷。

　　有載之點校本,收入《上海鄉鎮舊志叢書》,上海社會科學院出版社,2006年出版。

　　上海博物館圖書館收藏。

五、望仙橋鄉志

(一)清光緒鈔錄本望仙橋鄉志稿　　807.2 / 136

　　《望仙橋鄉志稿》不分卷,清張啟秦纂輯,陸世益編訂。清光緒間楊大璋鈔錄本。8冊。半葉6行,行20～22字不等,小字雙行同。書高24釐米,寬13.5釐米。

　　張啟秦(?～1912),字曉嶺、孝臣,幼名非,嘉定望仙橋鄉人,廩生,精通經史、詞章,尤精小學。陸世益,字史一,啟秦甥。

　　望仙橋,以諧音「望鮮」而得名。明萬曆二十七年(1599)建橋。清康熙年間,因人口聚集而稱市,後人口益繁而稱鄉。

　　是志稿係未定稿,錄副之本又經戰火,故體例尚待完善。存望仙橋疆域、都圖圩、河港、善舉、災異、民蠹、選舉、人物、藝文、古蹟、寺觀、祠廟、古墓、雜志十四門。其中,選舉門有進士、制科、舉人、貢、廩(增附)、武生六目;人物門有宦跡、節義、耆宿、善良、藝術、流寓、列女、僧侶八目。

　　是志稿中附有「凌注」,是童世高所加之注;「家君注」,則是世高父以謙之注;「璋注」,是楊大璋所加之注;「非子注」,則是張啟秦自注;又有「陸世益注」。

　　是志稿記事至清光緒年間。

　　首另附有1962年11月下旬陸世益《望仙橋鄉志稿述要》,紅格稿紙寫。首鈐「外岡陸氏三孝堂藏書廎著書之章」朱文長方印。

　　陸世益述要曰:「嘉定《望仙橋鄉志稿》八冊,里人張孝臣先生(諱啟秦)纂輯。舉凡一鄉之疆域、建置、人物、藝文、風尚、古蹟等,收羅無遺。孝臣

先生本與鄰鄉錢門塘童凌蒼先生（諱世高）鄉約合編嘉定第三鄉志，未脫稿而卒於時疫，已五十年矣。原稿本置於其新宅族人處，日寇之擾，新稿盡燬，幸其門人楊奉峨先生（諱大璋）事前錄有副本八冊，庚申之冬，余於大風大病中，獨行數次，僅及搶救，珍藏至今，又數十年矣。

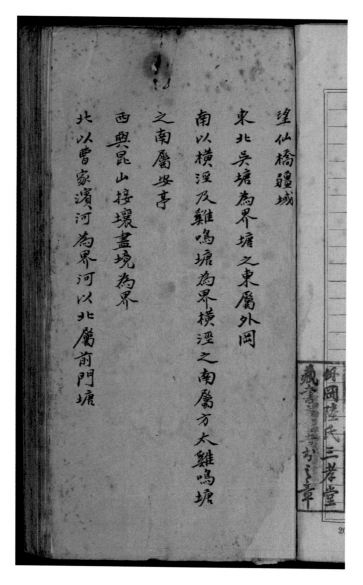

「稿中有『凌注』字樣，是童凌蒼先生所注，蓋童先生之編《錢門塘志》，取材於此稿者頗多，遇有不同之點，特為指出，其所稱家君，是童翼臣先生（諱以謙），為當日西鄉僅存之老人，故所見尤多。璋注者，係楊大璋所加之

注。非子注者，則孝臣先生之自注，非，其童時名也。

「楊錄稿本八冊，完全保存其原來格式，茲在每冊之外，各加裝封面，使更能完整而傳久遠。不敢增入一字，偶遇確有所見，以鉛筆劃出或加入注釋幾句。

「稿中所述，皆不可多得之史料。以人物志而論，其中所保存之有價值資料已不少，所敘節烈忠義，藉以考證當日受難者之多，而想見戰禍之慘烈。所述藝術隱逸，其人不少半耕半讀，或以醫藥為生者，則頗合目前及將來打破腦力與體力勞動區分之義，更符合大辦農業與提倡中醫之精神矣。

「流寓志中載小刀會周烈春之役，城中徐郙（同治元年狀元）曾逃避張氏白雲樓，可考見當時地主官僚階級之狼狽情形。諸生程應杓於太平軍入城時，公然反抗辱罵，其妹犇救，竟未被殺，足見太平軍寬大之處。

「藝文志對於縣志頗有校正處，因其見聞更近，自較可信。

「關於此稿編纂者孝臣先生之略史，在續志第九卷中已約略述及，茲不復贅。孝臣先生對於纂輯志乘之辦法，主張在每一種項目之下，宜以有關之詩文加入充實之，才言之有物而不落於空虛。蓋詩文中包藏著無數之原始資料，往往一句一字之間，有重大之參考價值在，先生之主張，實有至理，今其稿中所搜羅者，雖未及十分完全，然望仙橋一鄉之原始資料，已略備於此矣。

「望仙橋雖數十家之極小鄉鎮，而人才輩出，不論過去與現在，所出知識分子特別眾多，全國性之名人，亦不僅錢竹汀先生等數人。當年張氏梅園文物之盛，可冠江南，流風餘韻，且至今未絕。張家子弟站在文教最高崗位者仍有人在。惜經過五十年之兵亂，望仙橋各族及張氏所存有歷史性之書文，竟不賸一紙，即孝臣先生一人之詩稿，不下百十種，約萬餘首，關於小學之專著，稿本亦積至數尺，其先世在洪楊軍中之筆記詩文，尤富史料價值，一旦盡被裝數十麻袋售出，化為廢紙，造成人民無償之大損失。所幸當時余適病居故鄉，在間不容髮之際，尋得此八冊稿本，在此八冊稿本中，尚得窺見此鄉文獻之百一。自錢桂發（大昕之父）之望仙橋舊志亡，欲考見此鄉之史實，惟是稿是求。在大難之中，奉篋之錄副，與余之搶救，使文化舊地，數百載之史料，為一線之偶延，艱難辛苦，為民服務，不算徒勞也。

「一九六二年十一月下旬，陸世益謹識於外岡三孝堂。」

《中國地方志聯合目錄》、《中國地方志總目提要》著錄，《中國古籍總目》

著錄，《上海方志資料考錄》、《上海方志提要》、《上海方志通考》著錄。惟各家著錄均有不確處，或失考版本，或誤記冊數，或誤錄修纂者。

有《中國地方志集成·鄉鎮志專輯》影印本，上海書店，1992 年出版。有楊軍益標點本，收入《上海鄉鎮舊志叢書》，上海社會科學院出版社，2004年出版。

上海博物館圖書館收藏。

（二）民國稿本望仙橋鄉志續稿　　807.2／136

《望仙橋鄉志續稿》十二卷，楊大璋纂輯，陸世益編訂。民國十六年（1927）稿本。2 冊。半葉 6 行，行 20～22 字不等，小字雙行同。書高 24 釐米，寬 13.5 釐米。首有民國十六年長至節楊大璋自序。

楊大璋，字奉峨，嘉定望仙橋鄉人，師從張啟秦、張啟宸兄弟。望仙橋鄉第一初級小學校長，著《驚惶日札》，已佚。陸世益，見前。

楊大璋自序曰：「丁卯初夏，硯詒姻丈辭滬校職而家居，本縣修志局聘任為採訪。余以丈之約，同負搜求責，並欲乘此以續成鄉志。端陽解館，銜丈命晉城收回先師孝臣先生所輯志稿。（十年，縣局設立時，鄉董建同先生藉以送局者。）自後，余於《夢報》中錄出關於本鄉之掌故一卷，丈則調查橋樑廟宇以報局。暑假期內，互相商榷，以本鄉各望族家乘可為輯志助，余遂將吾家族譜悉心核對，而譜中精華均已採取，遂議以聞見所及分任搜集。暑假後，丈復任滬校，攜舊稿去。未匝月，以事繁不能旁及，寄歸中途，幾為洪喬誤。丈中秋返里，遂有別錄副本之議。先是，余被命復任一校，檢查接管函牘，得校長為修志局當然採訪員公函，即從事編輯校史。至是已脫稿，連同《夢報》所得呈丈察閱，備蒙獎許，並以鈔胥編次之責付之。余駑駘寡學，膺此重任，深懼不克仰副於萬一，但恐先型散失，後起無由楷模，乃竭課餘之光陰，鈔錄排比，十月初而告竣。時縣局又以市集概況函託調查，丈即以歸余，並云：『尊翁年屆古稀，聞見較真，盍於定省之餘諮詢而筆記之，以符昔人所見三世、所聞四世、所傳聞五世之語？』余鼓掌稱善。十月四日，調查既畢，親送於局。局中職員黃徹侯先生檢舉其不合處，（列入新起之橫涇新鎮，謂為誤會調查主旨。但余之所以列入，根據黃先生民國資料亦得附送，俾為新志之參考也。）並謂本局所以託硯詒先生者，以其年事已高，閱歷自廣，言下露不滿狀。余唯唯而退，因此余大悟採訪之難，而輯志之更不易也，遂擱筆。十一月十三日，因事晉城歸，途與錢門童長凌蒼同舟，因以修輯鄉志之道為問，對

曰：『憑其見聞，不雜私事，平心靜氣以求之，分門別類以處之，孰能謂之偽？君有尊翁為顧問，一鄉之故實何難瞭如指掌？更益之以調查，掛一漏萬之譏可免矣。』並云：『鄉志之輯，騖利者不為。值此地方經濟窘迫之秋，尚何暇鄉志之編輯？君既有志，尚希勉之。』余聞言，遂又以其責自負。累月以來，積稿成冊，因為編次，命曰《續稿》，以備寒期就正於硯丈，尚不敢自居確定之資料也。中華民國十六年長至節，識於管涇學舍。」

　　是志稿記事至民國十六年（1927）。

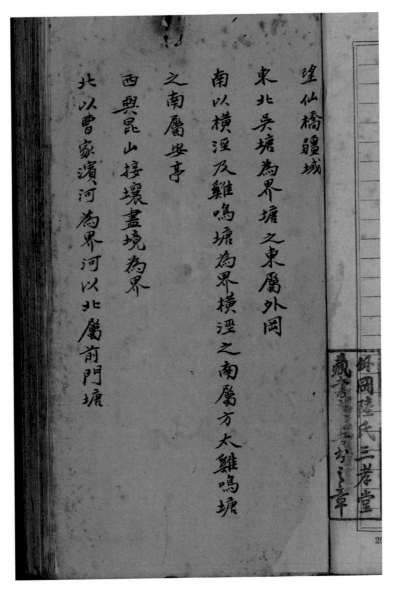

此本前另附有 1962 年 11 月下旬陸世益《望仙橋鄉志續稿述要》，紅格稿紙寫，首鈐「外岡陸氏三孝堂藏書廎著書之章」朱文長方印。正文有朱墨筆圈點、校改及陸世益按語。

陸世益述要曰：「嘉定《望仙橋鄉志續稿》十二卷，里人楊奉峨先生（諱大璋）纂輯。關於此鄉近代及民國十六年前各事，收羅極為完備。其突出之各點，約舉如左：

「（一）望仙橋得名之由來，謂因昔為漁村，地濱海，鄉人集橋上以望鮮魚之滿載而歸，鮮仙音近，乃以仙代鮮也。此節有關海岸沿變，可供地質及地理研究者之參考。

「（二）確實指出一鎮店鋪之數目，為別種志乘所不屑道者。城鄉通信，昔年半恃豆腐乾擔，亦為別種方志所不注意者。

「（三）平糶米反以病民，「放孤洋」在一月中一元變成本息八元，皆舊社會之剝削尤甚者。

「（四）關於小刀會周立春事數則及錢大昕幼時事，皆別書所未見。

「（五）洪楊軍復國攘夷，本有軍紀。但相傳其到達崑山以東，見人殺人，絕不寬免。因之戰爭二年，人口大減，則確是事實。我嘗百思而不得其解。茲見此稿中迭載地主武裝之兇悍情狀，因之而受到應有之報復，自在意中。聞當日太平軍憤憤告人曰：「我們走遍天下十七省，還沒有碰到像這地方老百姓的反覆兇惡，殺！殺！殺！」因以造成矛盾之局。足見反動地主之先自造其因而自食其果，此點與此稿所載可互相引證。

「（六）兵防志中家君口述、家母口述及迎母記等，所舉雖不過一鱗一爪，已可看到歷次兵禍之慘烈。

「稿中稱曹汝霖為『里人』，按曹確是上海之舊家，不過偶營墳墓於此鄉，地方常受其小恩小惠之愚弄，而忽其負國賣國之大罪，竟認為鄉親，是偶然之錯誤，應為指出者。

「奉峨先生受學校教育僅半年，其餘時間，日侍孝臣、硯詒（諱啟宸）兩先生之門者數十年，酷嗜文史，勤於調查，積稿甚富，甲子兵災時，就逐日所見，著《驚惶日札》數冊，余當時各文，亦被收入，後聞札記早已失散。其他楊氏書稿，今無一留存。方事之殷，東南文物，頓化塵煙，存者有幾？而此志之續稿二冊，獨得保存至今，誠萬幸矣。為加裝封面，以期垂諸久遠，供社會之參考云爾。」

是志稿係《望仙橋鄉志稿》的續作，每門有小序，述其建立之由，亦為沿襲《望仙橋鄉志稿》體例之處。是志稿有十二門，四十四目。疆域志第一，有名稱、分廠沿革、分鄉沿革、疆域志南至行下、市集五目；建置志第二，有坊表、義冢、航行、街巷、修橋欄杆、郵遞、自治紀略、公益捐、鄉議事會議決案、自治事業、甲子兵災善後會、紅十字會、會所十三目；賦役志第三，有水災、風災、暴風雨、風雨、禨祥、兵災六目；水利志第四；風土志第五，有風俗、歲時、物產三目；教育志第六，有學校進行概要、教育會、教育協會三目；兵防志第七，有防禦、癸丑之役、乙丑之役、丁卯之役、徵兵五目；選舉志第八；人物志第九，有誼行、文學、藝術、流寓四目；藝文志第十；名蹟志第十一；雜錄志第十二。其中選舉志、藝文志、名蹟志僅有小序而無正文。

《中國地方志聯合目錄》、《中國地方志總目提要》著錄，《中國古籍總目》著錄，《上海方志資料考錄》、《上海方志提要》、《上海方志通考》著錄。惟各家著錄均有不確處，或失考版本，或誤記冊數，或誤錄修纂者。

有《中國地方志集成·鄉鎮志專輯》影印本，上海書店，1992 年出版。有許麗莉標點本，收入《上海鄉鎮舊志叢書》，上海社會科學院出版社，2004年出版。

上海博物館圖書館收藏。惟將是志與《望仙橋鄉志稿》不分卷合為一部，共用一個索書號，宜改正。

六、婁塘鎮志

（一）民國鉛印本婁塘鎮志附婁塘風雅　807.2／35

《婁塘鎮志》九卷附《婁塘風雅》一卷，清陳曦編。民國二十五年（1936）婁塘梅祖德據清光緒七年（1891）修補嘉慶十年（1805）刻本鉛印。2 冊。半葉 10 行，行大字 26 字，小字雙行，行 40 字。白口，四周雙邊，單魚尾。版心中記「婁塘鎮志」、卷次，下記頁碼。書高 27.4 釐米，寬 16.3 釐米，框高19.9 釐米，寬 13.8 釐米。有牌記「甲寅八月／婁塘鎮志／後學梅爾元補題」。首有清嘉慶十年（1805）十二月錢大昭《婁塘志序》、清乾隆三十七年（1772）十月日陳曦《婁塘志序》、凡例、引用數目、婁塘鎮圖、目錄，末有梅鴻年識、民國二十五年（1936）五月梅祖德跋。

陳曦，字躍雲，號迂軒，嘉定婁塘鎮人。諸生，任四庫全書館謄錄。

婁塘，明洪武年間因水而得名為婁塘市，永樂間始建鎮。

　　錢大昭序曰：「郡縣之有志書，其來舊矣，至於蕞爾之鎮市，古未聞有志也。宋紹定二年，常棠始有《澉浦志》八卷。澉浦，特海鹽之一鎮耳，至今猶稱其敘述簡核，綱目該備焉。吾邑自宋寧宗時割崑山安亭等五鄉於練祁市置縣，因即以年號為名。邑城北十二里有婁塘鎮者，其地近劉家河，俗尚詩書，民風淳樸。前明以來，科目節義、文藻風流等事，恒不絕書，何未有記載者？我姊夫陳君躍雲生長是里，博雅嗜古，嘗訪諸耆舊，考之載籍，凡里中遺聞軼事，懿行嘉言，信而有徵者，靡不備載，簡而有法，詳而不濫，洵里中徵文考獻必不可少之書也。列為七門，曰疆隅，曰建置，曰水利，曰選舉，曰人物，曰藝文，曰雜類，並採《風雅》一卷附後，共成十卷，藏於其家。嘉慶乙丑仲冬，瞿子木夫、秦子照若將欲搜羅邑中鎮市諸志，鳩資雕板，訪求而得其遺書，囑余一言弁其首。夫縣志識其大，鎮志識其小，其有功於桑梓一也。後之讀是書者，緬高曾之規矩，思賢哲之典型，當必有聞風興起之人以是流傳，安見不與澉浦之志並垂不朽也哉？嘉慶十年歲次乙丑嘉平月可廬居士錢大昭序。」

　　陳曦序曰：「吾邑自宋寧宗嘉定十年建縣以來，迨元秦輔之始作志。嗣後，邑宰屢次纂修，掌故乃備。它如槎溪、諸翟、紀王、安亭、外岡諸鎮，亦各有書，以志一方之事。程侯國棟志中雖謂諸書不足觀，然較並此無之者，則固愈矣。今婁塘區區之地，獨無有取而志之者，後之生長於斯者，其何從考信邪？爰輯古今來郡縣志之所紀載及前賢遺集之所著述，前繪為圖，復分類而詳志之，使它時不致歎文獻無徵云爾。乾隆三十有七歲在壬辰孟冬上澣日，嘉定婁塘里人陳曦躍雲氏撰。」

　　梅鴻年識曰：「辛卯夏日，查對此書缺板三塊，少書六頁，均注明於後。但此書首卷亦缺後頁。查得卷五第二頁至第十二頁尚有板存，而每卷末頁均有卷幾終字樣，卷五未見，定有缺板，所缺塊數已不可考。不識從前印本尚有全書流落人間否？鴻年氏識。」

　　梅祖德跋曰：「是志輯於清乾嘉間，經太平之役，原刊木板已有散佚，故初次重印本署峊為先大夫調生公補題。至光緒辛卯，里人徐鼎文、王汝霖、詹雲程諸先生更付重印時，又有殘缺，曾經補鋟。辛卯重印後，版藏於余家存厚堂。光緒丁酉春，存厚堂火，版隨以燬，迄今已將四十年，而兩遭兵燹，全鎮存書不獲數部。於是謀之本鎮同志翻印鉛板，行款仿照原本，惟鉛字大小與原版未能恰合，故每行字數加多四字，而全書頁數隨之減少。原本所刊古體字為鉛字所無，以便於手民移植，略有更易。原本缺字悉仍其舊。鎮圖

題字製為鋅版，以存其真。余家所藏為辛卯前印本，先君子鴻年公有題識，今附印入。排校既竟，用識數語以明始末云爾。中華民國二十五年五月中旬梅祖德謹跋。」

是志注重引文出處，並在卷前注明引文出處。是志有七門，三十五目二附目。卷一疆隅志，分婁塘鎮圖、市鎮沿革表（鄉都附）、區扇細冊三目；卷二建置志，分小學、倉廩、坊表、汛地（公占附）、街巷、橋樑、祠廟七目；卷三水利志，分河道、開濬二目；卷四選舉志，分科貢表、薦舉（議敘附）、例選、雜進、武秩、封爵、封贈、鄉飲八目；卷五至六人物志，分賢達、忠節、孝友、文學、隱逸、藝術、流寓、帝后、列女九目；卷七藝文志。卷八至九雜類志，分物產、祥異、古蹟、寺觀、丘墓、軼事六目。

《中國地方志聯合目錄》、《中國地方志總目提要》著錄，《中國古籍總目》著錄，《上海方志簡目》、《上海方志資料考錄》、《上海方志提要》、《上海方志通考》著錄。《中國地方志聯合目錄》、《上海方志資料考錄》、《上海方志通考》以為清嘉慶十年（1805）刻本藏上海博物館，不確。

有《中國地方志集成·鄉鎮志專輯》影印本，上海書店出版社，1992年出版。有梅森點校本，收入《上海鄉鎮舊志叢書》，上海社會科學院出版社，2004年出版。

除上海博物館圖書館外，上海圖書館、天津圖書館、甘肅圖書館、南京圖書館、蘇州圖書館、鎮江圖書館、復旦大學圖書館、華東師範大學圖書館、吉林大學圖書館、鄭州大學圖書館、中共中央黨校圖書館、南京博物院、中國科學院南京地理與湖泊研究所、美國國會圖書館等收藏。是志又有清嘉慶十年（1805）刻《嫠邑志林》本、民國三年（1914）刻本。

第二節　上海縣小志

上海博物館圖書館藏上海縣小志二種。除此二種以外，上海縣小志尚有以下數種：清秦立撰〔康熙〕《淞南志》八卷，清張端木撰〔乾隆〕《西林雜記》一卷，佚名撰〔民國〕《三林鄉志》八卷，清王鍾撰〔嘉慶〕《法華鎮志》八卷，清何文源、王靄如撰〔道光〕《塘灣鄉九、十一圖里志》二編，清唐錫瑞撰〔光緒〕《高昌鄉二十六保志》四卷，〔註7〕及明張所望輯〔崇禎〕《龍華

〔註7〕上海通志編纂委員會編：《上海通志》第10冊，第6889～6891頁。「張端木」，
　　　《上海通志》誤作「瑞」。

里志》、唐錫瑞〔民國〕《二十六保志》四卷等。

一、紫隄小志

（一）清鈔本紫隄小志　807.2 / 266

《紫隄小志》二卷《續》二卷，清汪永安輯撰，汪士剛參閱，侯棠摘訂，秦立增芟。清鈔本。1函4冊。半葉11行，行字數不等。書高27.7釐米，寬18.3釐米。首有清康熙五十七年（1718）王晦《紫隄村小志弁言》、康熙五十七諸雲《紫隄村志敘》、凡例、目錄。

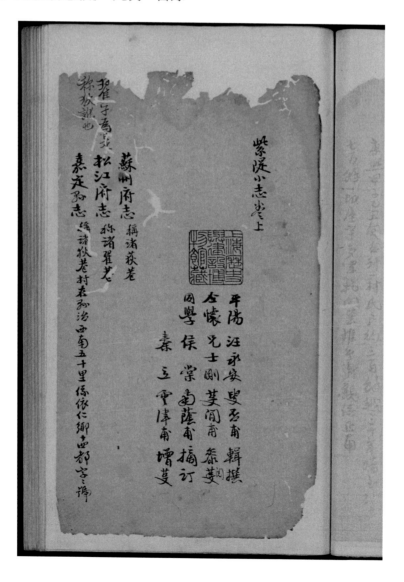

　　汪永安，字存夜，號叟否，上海縣紫隄村人。增生，著《怡雲集》。汪士剛，字忝儀，號芰閒。廩生，永安兄。侯棠，字悅舟，號南蔭。庠生。秦立，字與參，號雲津。庠生。

　　紫隄村，本名白鶴村，又以諸、翟二著姓而稱諸翟，清乾隆時稱鎮。

　　王晦弁言曰：「鄉城皆王土也，然村跡入縣志則已略，入府志則尤略。以略始者，久而必遺，況地兼兩郡、三邑如紫隄江者，安所得匯各乘而詳觀之？此村志所由作也。按紫隄原稱蟠龍塘，於吾嶸為西南界，宋以前莫可考。其建廟築橋則自元迄明，僅存歲次，而人物之不傳者已多。余嘗經行其地，略觀土俗人風，或為余言：『一切往跡俱在蒼茫影響間，及今不志，漸將並此可志者而泯沒矣。』且夫古之君子所為，正己以正人者，不越戒勸兩端，誠即可志之言行節義，一一表而出之，使既為善者曰善固人不吾忽也，未為善者亦曰善乃人所共尚也，則善益勉，而不善者亦知懲。移風易俗之功，胥於是乎賴。行見邑採其尤可傳者，郡採其尤可傳者，郡邑之志，因是益備。斯略者不至於遺，而是鄉隨以不朽，寧謂界兼兩郡三邑之村，其為志可或已哉？平陽耘雲子攜其尊人新著一書，介余弟笠南崑以相（似）〔示〕。展閱大略，實獲吾心，不止曩日經遊宛乎在目也。聊識數語而歸之。時康熙戊戌嘉平立春前一日，補亭王晦書。」

　　諸雲敘曰：「志者，史之餘也，事繁不容故簡。故遠聘他處人士，以秉筆搜葺，每苦略而不詳，如新婦入門急，未悉醯瓶醷甕所在，安所得家事而井井之？郡邑乘且然，況於一鄉一巷，尤宜鉅細畢及者乎？紫隄江距余居不數里，為故明上谷氏發祥之所，新安汪氏實世寓焉。余與芰閒昆仲夙以詩文相往還，自余頻歲秉鐸潁滁間，郵筒日漸寥落。今者南村陶子浩存攜叟否氏所撰《紫隄小志》見示，且囑一言弁其端。余披閱之，蓋自故明科第以迄本朝敦行尚義之傳，莫不揚挖其本末，匯傳紀以成帙，既疊疊乎具有史才，及乎後卷人物一詩兼及風俗事蹟，無缺憗焉，則又有與詩史適相吻合者。以茲土之產，述茲土之遺，宜其如睹掌上紋脈，纖悉皆在目也。而或者以為村之由來舊矣，詳於今，無乃略於昔。余曰不然。以今溯昔，昔已非今；以後思今，今復為昔。昔未為今計，今當亟為後計，則不得不略而略之，尤宜及其有可詳而詳之也。不乖史冊之體，適留為異時考據之資，是真詳所當詳也已。因漫書之，以應南村之請。時康熙戊戌仲冬，署滁州來安縣儒學訓導事加一級、前署鳳陽府太和縣儒學訓導事、候補教諭滻溪諸雲回

軒氏題。」

是志體例難稱謹嚴，然頗有史料價值，計有十四門。卷上有各志稱名、辨紫隄村名義、各邑疆界、田畝字號、水港、神廟、橋樑、墳墓、舊跡、風俗十門；卷二有人物一門；續一有人物續錄、內則二門；續二有詩詞一門。

是志記事至清雍正二年（1724）。

此本有朱墨筆批校；殘損嚴重，頗有漫漶處，後經修復，改為金鑲玉裝。

《中國地方志聯合目錄》、《中國地方志總目提要》著錄，《中國古籍善本書目》、《中國古籍總目》著錄，《上海地方志簡目》、《上海方志資料考錄》、《上海方志提要》、《上海方志通考》著錄，惟諸家著錄中，修纂者與卷數信息均有誤，又多將是志與《紫隄村小志》、《紫隄村志》互混，三者之別惟何建木於是志《整理前言》言及。

有何建木整理本，收入《上海鄉鎮舊志叢書》，上海社會科學院出版社，2006 年出版。

上海博物館圖書館收藏。

二、法華鄉志

（一）民國鉛印本法華鄉志　　807.2 / 248

《法華鄉志》八卷首一卷末一卷，清王鍾撰，胡人鳳續輯。民國十一年（1922）鉛印本。1 冊，存二卷（卷一至二）。半葉 10 行，行 24 字，小字雙行同。白口，四周雙邊，單魚尾。版心上記「法華鄉志」，中記卷次及目名，下記頁碼。書高 26.5 釐米，寬 15 釐米，框高 18.7 釐米，寬 12.1 釐米。首有民國十一年五月沈寶昌《法華鄉志序》、民國十一年七月鄒弢《法華鄉志序》、民國十一年王豐鎬《法華鄉志序》、民國十一年六月朱贇《法華鄉志序》、民國十一年李鴻羲《法華鄉志序》、凡例、目錄、圖（法華鄉總圖、法華鄉分圖）。末有敘錄，為王鍾跋、胡人鳳自跋。

法華，因北宋所建法華寺而得名，初稱巷。明嘉靖年間，始稱鎮。清宣統三年（1911）稱鄉。法華舊為上海縣屬地。

王鍾（？～1834），字一亭，號紀辰，上海縣法華鎮人。附貢生，著《毋自廣齋詩文集》、《法華鎮志》。胡人鳳，字笠夫，上海縣法華鄉人。附貢生，候選訓導。

　　沈寶昌序曰：「《法華鄉志》，清嘉慶年間王一亭先生所撰，原名《法華鎮志》。未及刊行，只有鈔本，魯魚亥豕，舛訛滋多。胡君笠夫重加修輯，續增者十之七，更名曰《法華鄉志》。書成，屬余爲之序。夫漢唐以來，僅有國史，往往舉其重而遺其輕，詳其大而略其細，後世遂有省志、縣志之作，俾與國史相輔而行，而鄉志無聞焉。然而國者，縣之所積，縣者，鄉之所積。《周禮》有鄉大夫，漢有鄉亭之職，古之政教，靡不注重夫鄉，意至深，法至美也。將來舉辦自治，尤應以各鄉爲始基。胡君鄉志之修，可謂知其本矣。或者謂：上海自外洋通商以來，地方風氣爲之一變，民國改革之後，地方風氣又爲之一變。循是以往，數十年後，更不知其奚若，而欲執往籍以繩之，無乃與維新潮

流未合乎？曰：不然。欲知來者，必稽夫古；欲善後者，必鑒於前。子張十世之問，孔子告以夏商周三代所因之禮。又嘗曰：能以禮讓為國乎，何有？記曰：仁義道德，非禮不成。教訓正俗，非禮不備。管子四維，以禮為首。晏子曰：禮之可以為國也久矣。蓋自修、齊以至治、平，不可一日無禮。天敍天秩，人所共由，禮之本也。歷觀往史，未有敦崇禮教而國不治，蔑棄禮教而國不亂者也。邇者厄言日肆，禮教日衰，人人知有權利而不知有道德，營營擾擾，不奪不饜，甚至非孝之說，起於家庭，構兵制禍，擾及全國。世變之亟，蔑以加矣。今閱是書，以獨行冠諸名臣、文苑之前，而其辭曰，三綱中有絕詣，五倫外無完人。君子德性合天，匹夫天性合德。各行其是，而獨行稱焉，用冠諸篇，以為鄉黨法。推作者之意，蓋深憫夫變故相仍，而欲以禮教挽回於萬一，用心亦良苦矣。龍門之作為千古國史之祖，然論大道，則先黃老而後六經，序遊俠則退處士而進奸雄，後世不免譏之。茲書宗旨純正，意在救世，不幾駕龍門而上之乎？使天下各縣之鄉皆如法華之有志，而其宗旨又復相同，則潛移默化，人咸知崇禮教而盡去權利之私心，天下何患不治？至其遺獻佚文，搜羅翔實，足以補邑志所不逮，特其淺焉者耳。余既深佩胡君憫世情殷，而又喜是書之足為將來自治志助，不辭蕪陋，撮敍數言，綜計是書八卷，二十四門，一切詳情具載凡例，故不復贅。中華民國十一年五月，知上海縣事紹熙沈寶昌序。」

鄒弢序曰：「志書之輯，濫觴虞初《禹貢》九州、《尚書》五服、職方所擴，印於庚泥《夷堅》之書，窮於亥步。惟草昧初啟，花樣難精，經緯多訛，源流未析。後人變古，大局翻新，總論未詳，分載雜出，仿其義例，小其範圍，本為國圖，陋曰里乘。仲賢江表，蕭繹荊南，吉甫元和，文深中嶽，梅里俗陋，會稽地荒，雖皆派附正宗，理歸原始，而說非括地，語海同蛙，縱口談天飲河，學鼠餖飣雜糅，纖芥橫遮。約其文詞，蓋有數弊端，庸言必錄，獨行不遺。或有小才，無當大雅，村媼之智飾作同文，山公之愚襃其覆簣。巴清丹穴婦是孀嬬，蜀道銅山翁真田舍，而譽之者，貴同狐腋，高若羊裘。十姨廟中，誤誣杜老；九松亭畔，豔說中郎。萬善同登，諸惡必備，此其弊失之煩。考古證今，必資沿革；采風問俗，方識盛衰。乃者下里才蕪，互鄉德薄；聖賢不作，忠信無聞。阪澁荒涼，惟見蜑戶；荊蠻僻陋，僅蠡漁莊。沉奧難搜，文明永謝。而志之者，就其疏落，略彼沖繁。禹穴探奇，深山一碣；齊諧志怪，幻市孤樓。路史無稽，寓言何據？此其弊失之簡。污尊壞飲，野處巢居。苗女

歌風，獝童踏月。婆羅島遠，門懸髑髏；突厥祠荒，民燒榾柮。乳五百道，醬七十甀。亦覆信筆鋪張，談鋒穎利。宋玉作賦，不避小言；師曠知音，莫名正律。此其弊失之陋。若夫圓鑿方枘，前喁後籲。班門引繩，楚舟求劍。劉郎問典，不敢題饈，南史書奸，寧甘碎首。以故吳歈巴曲，搜絕歌謠；蒲谷躬桓，附庸侯伯。一字褒貶，惜墨如金；百變滄桑，俟清須壽。如尾生守柱，酒正飲粕，此其弊失之拘。胡君笠夫輯《法華鄉志》一書，根據於王一亭先生所編，博採旁搜，探賾索隱。在昔歐陽修史，蔚起通才；司馬編年，垂為定本。君望隆桑梓，功表枌榆，修古之餘，劬學無倦。凡於趙玭行略、郭璞葬經、學界儒宮、釣遊所及，記錄必詳，共得四編，都為八卷。鄉賢集款，邑令解囊，梨棗既成，鬼神若護行見。名周滬瀆，紙貴洛陽。杞宋之書，永留文獻，蕭包之筆，上感天人。壽之名山，夐乎尚已。民國十一年壬戌雙星渡河節，寓法華鄉梁溪瘦鶴詞人酒丐鄒弢序，時年七十有三。

　　王豐鎬序曰：「地志為史部之一類，自《元和郡縣志》兼列古蹟，《太平寰宇記》增人物及藝文，後來州縣志書始沿襲為體例，而鄉未有志也。鄉轄於州縣，無取別志。然州縣所轄之一山一水，如武夷、太湖等之別為其志者，則一鄉之有志也固宜。今有同里王鍾撰、胡人鳳續撰《法華鄉志》八卷示豐鎬，屬為之序。曰：周禮職司於鄉，遂都鄙之間，凡山川、風俗、物產、人倫，繫於史事者，蓋至纖悉無漏。後世方志，無官守制度、鄉遂都鄙，私家著述又不能在在自為紀載。故州縣掌故往往有徵之於鄉，而猶不得其翔實者，而府省總志更無論矣。近人章實齋氏創為州縣請立志科之議，其事雖不行，其法實得三代比閭族黨上於六鄉之遺意。設一國之州縣、一州縣之鄉，皆如法華之有志，則志科雖不立，亦無以異於立。宋歐陽廬陵作族譜圖，斷自枝徙之親者，而詳之枝各詳其所親，合則詳其一本。殆猶鄉詳其鄉，合則詳其一州一縣，胥史法之至精至密者也。抑按法華舊名為鎮，鎮志昉嘉慶間，縣來尚矣。宣統三年，變城鎮鄉制，丁口五萬弱者謂之鄉，遂改鄉名。光緒以來，英國、法國推廣租界之條款，華商、洋商轉換道契之交涉，此又史事之要，又為政治所繫，足備考核。非夫愛博違古，存木牛流馬法於漢中，附織錦璇璣圖於武功者比也。若夫志目二十有四，具有發凡起例之辭，其搜補翔實，可與其縣之志並行不悖。覽者當有以辨而採之，茲不復贅云。壬戌春，時任外交部特派浙江交涉員、法華鄉後學省山王豐鎬敘。」

　　朱贊序曰：「法華因司得名，南襟蒲匯，北帶吳淞，夙稱文物聲名之地。

宋高宗南渡後，頗有達者家於此焉。有明之世，漸成市廛，茂遷有無，化居者日益眾。清嘉慶時，里人一亭王鍾撰鎮志，於是吾鄉文獻始有所徵考。中更紅巾、長髮、洋人等之騷擾，與夫分區築路、推廣租界諸大事，關係國際主權、地方自治，苟無記載，何以示將來而昭鑒戒？胡君人鳳，鄉前輩也，搜輯續成，將付剞劂，徵序於余。余雖不文，其奚敢辭？夫法華，一市集也，在閉關自守時代，黑子彈丸，無關輕重，即有紀述，不過鄉土志之隻鱗片爪耳。今者上海既為通商要埠，國體改革後，號為自治鄉區，東北毗連租界，計轄圖六，戶口二萬有奇。苟得其人而佐理之，未始不可為模範區也。無如攘往熙來者，多見小遺大，鄉中之馬路，外人日思增闢，而因以為利者，竟甘為虎作倀，以致主權隨路權而俱去，而鄉之範圍日以小，鄉之交涉日以繁，鄉之人民且日失其自有而冥然罔覽。胡君鄉居久，且熟掌故，舉凡農田、水利、自治諸要政，尤能悉心研究，而對於外人之擅自築路及侵害主權之處，俱能洞若觀火，而筆之於書，是真能以愛鄉之心以愛國者，視王志之重要為何如也？贊雖居是鄉，頗少聞見，惟對於國際主權及地方自治之關係，不得不為鄉人告，爰書其大略，而為之序。中華民國十一年六月，上海縣視學員里人朱贊伯華甫序。」

李鴻羲序曰：「上海一隅，本海（強）〔疆〕甌脫之地。有元之時，國家備海寇，始立縣治於浦濱，斥滷方升，規模粗具。自明至讓清之初，均無所表見，時市肆盛於南城。城之北，荒煙蔓草，青冢白楊。其農戶煙村，多散處於西南二境，法華其西境之市集也。明以前，海邑荒涼，縣且無志，而況於鄉？洪武初，創立縣志，而紀事不詳。清道光朝，歐美互市東來，開埠通商，漸臻富庶，梯航之結集，社會之蕃昌，人事既多，於是縣志之外又有鄉志，所以證政教風俗，馴至開通也。法華離城十二里，為余世代故居，俗尚儉樸，初為城西首鎮。所毗連之地，東北曰靜安寺，東南曰龍華，南曰漕河涇，西南曰虹橋，西曰北新涇，西北曰虹橋。若徐家匯、曹家渡，則後起之秀也。近則城鄉分治，此疆彼界，各自為鄉。其區域中所有文明資料，一為人才，二為風教，三為建築，四為古蹟，綜此數端，演成一鄉之體格。苟無記載，何以昭示來茲？清嘉慶初，王一亭先生因有鄉志之輯，但未付手民，抄錄又多舛誤。若復任其散佚，則吾鄉之聲名文物，更將何自徵求？胡君笠夫竊有憾焉，爰取前志而重編之，詳搜博考，鄭重增刪，雖體例局於一隅，而記載似悉循縣志。夫編輯志書之手，自古為難，以馬遷之才、歐陽之筆、溫公之論，後人尚有微

詞，陽湖孫星衍謂，今世修志之人無著作才，可知紀事編年，非小儒所能望其項背。茲《法華鄉志》八卷，笠夫不憚窮研廣採，祁寒暑雨，朝夕一編，虛而陳者淘汰之，正而新者增輯之。凡本鄉之沿革、遷移、改創，與夫騷人之歌詠、嫠婦之哀思，靡不發潛闡幽，留貢後人之徵究。余祖宗嘉言懿行，搜錄靡遺，現屆衰齡，愧不能勸。其參訂披研數四，覺此志之輯，足以存文獻而善方隅，餘韻流風，大資觀感，不第見滄桑世變已也。民國十一年歲在玄黓閹茂厲月，法華鄉經董李鴻羲序。」

是志係據王鍾所撰《法華鎮志》修訂而成，「採原志者十之三，續增者十之七」（本志胡人鳳《跋》），有二十四門。卷一沿革（坊巷、裏至村路、建置、戶口、田畝）；卷二風俗（歲時、占驗、方言）、水利（潮候、津梁）；卷三土產、兵防（職官、營汛、警察）、兵燹、荒政；卷四科貢（例仕、武科、封贈、錄廕）、學校（畢業生）、藝文（金石）；卷五獨行、名臣、文苑、通德（壽民）；卷六藝術、遊寓、方外、列女（賢婦、才女、壽婦）；卷七古蹟、第宅園林（宗祠）、寺觀（教堂）；卷八壚墓（義冢）、遺事、錄異。

是志記事至民國十一年（1922）。

《中國地方志聯合目錄》、《中國地方志總目提要》著錄，《中國古籍總目》著錄，《上海方志簡目》、《上海方志資料考錄》、《上海方志通考》、《上海方志提要》著錄。

有《中國地方志集成·鄉鎮志專輯》影印本，上海書店，1992 年出版。有許洪新點校本，收入《上海鄉鎮舊志叢書》，上海社會科學院出版社，2006年出版。

除上海博物館圖書館外，中國國家圖書館、中國民族圖書館、上海圖書館、南京圖書館、蘇州圖書館、柳州市圖書館、北京大學圖書館、清華大學圖書館、北京師範大學圖書館、復旦大學圖書館、華東師範大學圖書館、安徽大學圖書館、中國國家博物館、南京博物院、中國科學院南京地理與湖泊研究所、河南社會科學院圖書館、上海辭書出版社、日本國會圖書館、東洋文庫、東京大學東洋文化研究所、京都大學人文科學研究所、一橋大學圖書館、美國國會圖書館、哈佛大學哈佛燕京圖書館、哥倫比亞大學圖書館、芝加哥大學圖書館等多家公藏機構收藏。

第三節　青浦縣小志

上海博物館圖書館藏青浦縣小志二種。除此二種外，青浦縣小志尚有以下數種：清顧傳金撰〔道光〕《蒲溪小志》四卷，清周郁賓撰〔嘉慶〕《珠里小志》十八卷首一卷，清金惟鼇輯〔光緒〕《盤龍鎮志》不分卷，清葉世熊輯〔光緒〕《蒸里志略》十二卷，清諸福坤撰、陳慶林續補〔光緒〕《澱湖小志》八卷首一卷末一卷，張叔通等撰《佘山小志》不分卷等。〔註8〕

一、顏安小志

（一）清光緒鈔民國增訂本顏安小志十二卷　807.2 / 24

《顏安小志》十二卷，清高如圭纂。清光緒鈔民國二十五年（1936）曹修倫增訂本。1冊。半葉10行，行24字，小字雙行同。白口，四周雙邊，單魚尾。版心上記「顏安小志」，中記卷次，下記頁碼。書高28.2釐米，寬15.9釐米，框高20.9釐米，寬13.9釐米。卷十二後缺，無序跋、目錄。

高如圭，字琢堂，青浦練塘鎮人，元和縣國子監生。

曹修倫，字敍彝，青浦練塘鎮人。父家鼎（1869～1941），著《章蒸風俗述略》。修倫能承父業，究心鄉邦文獻，纂《章練志料初稿》、《練志資料》，今人石中玉為之合編，加以整理，稱《章練續志》。

是志為練塘鎮志，因鎮東市屬元和縣東吳下鄉顏安里而得名。練塘鎮，舊稱章練塘鎮或張練塘鎮，明屬蘇州府。清雍正初分縣，鎮屬蘇州、松江二府，為元和、吳江、青浦三縣分治。宣統二年（1910），鎮歸併青浦。

是志二十三門，有界域、水利、顏安十景、鎮市、村落、橋樑、公署、職官、公建、坊表、祠廟、寺觀、田賦、土產、科名、兵紀、名宦、寓賢、人物、列女、藝文、雜記。其中顏安十景一門為曹修倫所增入，水利、職官、藝文等門亦有曹修倫所增訂者。

是志各卷有小序，交代編纂目的及內容梗概。惟田賦一門竟涉蘇省之事，有失小志體例。

是志高如圭所纂者記事至清光緒十六年（1890）；其後，若卷三職官「李廷琛」條記事至清光緒十八年（1892）者，係曹修倫增入。

如圭弟子萬以增據是志續輯《章練小志》八卷，民國七年（1918）鉛印本。

〔註8〕上海通志編纂委員會編：《上海通志》第10冊，第6892～6893頁。

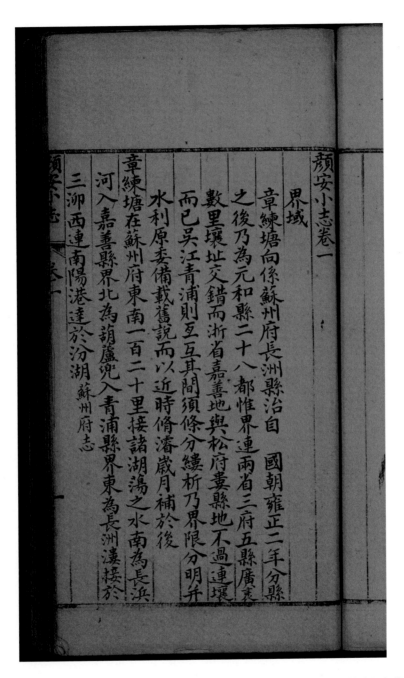

此本封面題「顏安小志，高琢堂手編鈔本，丙子八月修倫訂並藏」，鈐「敘彝」朱文方印、「敘彝珍賞」朱文方印。丙子即公元 1936 年。此本有曹修倫朱墨筆批校。

　　《中國地方志聯合目錄》、《中國地方志總目提要》著錄，《中國古籍總目》

著錄，《上海方志資料考錄》、《上海方志提要》、《上海方志通考》著錄。

有魏小虎標點本，收入《上海鄉鎮舊志叢書》，上海社會科學院出版社，2005 年出版。

上海博物館圖書館收藏。

二、金澤小志

（一）民國鈔本金澤小志　　807.2 / 123

《金澤小志》六卷首一卷，清周鳳池纂，蔡自申續纂。民國鈔本。1 冊。半葉 10 行，行 25 字，小字雙行同。版心上記「金澤小志」，中記卷次及目名，下記頁碼。書高 30 釐米，寬 22.6 釐米。首有清道光十一年（1831）陳栻序、凡例、目錄。陳栻序前缺王昶序，後缺周鳳池自序，又缺鎮圖、水利圖、八景圖。

周鳳池，字玉臺，一字維輪，號澤君，青浦金澤鎮人。纂《金澤志》四卷。蔡自申，字又山，一字時升，青浦金澤鎮人，清道光十二年（1832）舉人。

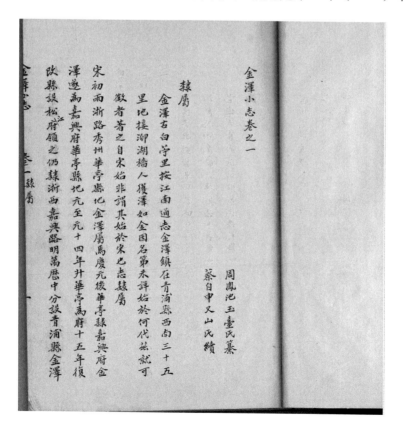

金澤，古曰苧里。宋初屬兩浙路秀州華亭縣，慶元後屬嘉興府華亭縣。元至元十五年（1278）設松江府，金澤屬焉。明萬曆中，分設青浦縣，金澤始屬青浦。

陳栻序曰：「歲丙戌，僕從白下來移青浦文學，周君泉南見示《珠里小志》，纂輯詳慎，秩然可觀。邑侯、郡伯為之序而刊之，有足多者，蔡君又山續學士也，復以其鄉周隱君玉臺所著《金澤小志》問序於余。余聞邑西鉅鎮，首珠里，次即金澤。蓋一川之地，《周頌》所云『終三十里』，而其間煙村繚繞、湖蕩交環，水木清華之氣，遙相映發，宜其地稱勝區，人多穆行。此來人才蔚起，不獨食餼、明經者踵相接，兼有橋梓棣華科名之盛，要在風俗淳美，而善於鄉，遊庠之士，咸恂恂有禮度。觀是編所載，非其濡染陶成，有自來歟？周隱君遺稿四卷，王述庵司寇嘗為之序，續而補之者，復經又山、尊甫、實堂、黃君芥山、高君蒙泉之手筆，皆深心致力於是編。其文簡而賅，其事約而備，雖一隅小志而故實可考，風教攸關，堪使鄉鎮之讀之者感發而興起。《珠里小志》久刊成，是編當速付剞氏。知必有成人之美者佽助刻資焉，因憶余前宰白下司訓逾十年，邦人士嘗請於邑宰，以上元縣志久不修，屬為增輯，閱三年甫告成，都會人文之地，幸賴友朋之助與書籍考訂之多，乃獲刊布，然猶兢兢焉慮不免疵謬，知纂言紀事非易易也。是編之宜刊，覽者當鑒其用心之精審，而毋或易視之也可。道光十一年歲在辛卯春三月既望，邑司訓溧陽陳栻書於清福堂。」

是志二十目，有隸屬、疆域（圖圩、村莊、里巷、八景附）、水利（湖蕩附）、橋樑、風俗、土產、汛防、祠廟（寺觀、家祠附）、古蹟、墓域（義冢、義田、施棺局附）、科目（鄉飲、議敘、雜職附）、孝友、仕宦（封贈附）、行誼、藝文（碑刻、顏額、楹帖附）、列女（坊表、匾額附）、遊寓、藝術、方外、雜記。惟正文「雜職」作「雜途」，「封贈」附在「雜途」後。

是志原由周鳳池纂於清乾隆年間，後蔡自申於清道光十一年續纂，記事至道光十年（1830），成書於道光十一年。

《中國地方志聯合目錄》、《中國地方志總目提要》著錄，《中國古籍總目》著錄，《上海方志資料考錄》、《上海方志提要》、《上海方志通考》著錄。《中國地方志總目提要》以為「殘鈔本三卷藏上海市博物館」，《上海方志提要》以為「乾隆年間刊」〔註9〕，均不確。

〔註 9〕金恩輝、胡述兆主編：《中國地方志總目提要》，第 9-20 頁；上海地方志辦公

《上海地方志集成・鄉鎮志專輯》所影印者為上海圖書館藏鈔本。有楊軍益標點本，收入《上海鄉鎮舊志叢書》，上海社會科學院出版社，2005 年出版。

上海博物館圖書館收藏。另有鈔本，藏上海圖書館。1962 年《上海史料叢編》鉛印本係以另一殘鈔三卷本校補此本而成。

第四節　寶山縣小志

上海博物館圖書館藏寶山縣小志二種。除此二種外，寶山縣小志尚有以下數種：清黃程雲編輯〔嘉慶〕《楊行志》不分卷，陳亮熙撰〔民國〕《楊行鄉志》十六卷，清王樹棻修、潘履祥纂〔光緒〕《羅店鎮志》八卷首一卷，陳應康撰〔民國〕《月浦里志》十五卷首一卷附錄一卷，趙同福、楊逢時纂〔民國〕《盛橋里志》八卷，錢淦纂〔民國〕《江灣里志》十五卷首一卷附刊一卷等。〔註 10〕

一、廠頭鎮志

（一）清同治稿本廠頭鎮志　　807.2 / 270

《廠頭鎮志》八卷，清錢以陶著。清同治年間稿本。3 冊。半葉 8 行，行 20 字，小字雙行同。書高 24.5 釐米，寬 13.5 釐米。首有清同治七年（1868）六月錢以陶自序、凡例、目錄。

錢以陶，字梅君，又字梅村，寶山廠頭人。

廠頭，南宋建炎三年（1129）因韓世忠駐兵廠設此而得名。舊屬嘉定縣，清雍正二年（1724）起屬寶山縣，今則屬普陀區。

錢以陶自序曰：「邑城收復之二年，新安汪公耕餘來守我邑。越五年戊辰，政通人和，百廢具舉，乃集耆英宿學，謀修邑乘。時予弟俊如以廠董分受採訪之任。既訪，還以問予曰：『我里之顯然共觀者，莫如韓蘄王之白塔。其創建之緣，宜無不載在志矣。乃考之趙志，趙志闕如；徵之程志，程志亦不錄。豈記載之失耶？抑傳之非其真耶？』予曰：『此正所以需採訪也。自來古蹟所留，不經好事者之探奇尋勝，往往湮沒而不彰，況我僻陋在鄉，題詠所及，不過勝國遺（異），而趙志之作，猶在國初，雖其時遺老未盡，要皆甘於

室編：《上海方志提要》，第 486 頁。

〔註 10〕上海通志編纂委員會編：《上海通志》第 10 冊，第 6904～6905 頁。

隱晦，不求聞於當世，故采風者未之及也。至於程公修志，則邑東境分隸寶山，而我里適當分治之交，縱有聞見，或疑涉於寶境而略之。夫修嘉邑志者，既疑其在寶而略之，安知修寶邑志者，不又以為在嘉而遺之耶？兩相遺棄，而此地竟若間田，微論潛德幽光，不復能發，即如侯洯之副貢、董宏之進士，程志作科貢表，猶且失錄，則其他軼事遺聞，當傳而不傳者，又不知凡幾。今幸邑志重修，吾弟得與斯役，可以博求而補入之矣。顧其在嘉邑者則然耳，苟事涉寶山，豈容濫入？然亦何忍竟聽其無傳？予向者嘗兼訪並採，集成一編，題曰《廠頭雜錄》，藏以備兩邑之考證，何期今適為弟用也。』即出書以授弟。弟喜曰：『某於此正慮無以應邑侯命。今得此書，可以塞責矣。』予曰：『未也。是書之輯，距今幾十載矣。紅羊劫歷，而局變滄桑，其間可書者，又將不勝書焉。遺其近而遠是徵，其何以報命？』弟曰：『不然，正惟遠無可考，而能有以考之，斯足貴耳。若猶是耳目所得及，不過費數日之周諮，便可了卻。雖然，弟非曹昭，何堪續志？還祈兄自足成之。』於是日以所採訪者，條報於予。予為類附於前書，更定編次，而特識數語於簡端，以不忘所自云。同治七年歲次戊辰夏六月，錢以陶梅君自序。」

　　是志在道光《廠頭雜錄》基礎上修成，「境域清晰，內容翔實，繁簡得當」〔註11〕，遵邑志體例，而少天文分野、田賦戶役。有疆里（鄉都、里長、裏老、糧長、夫束）、水利、營建（廟壇、街巷、坊表、廢廨汛墩、橋樑）、薦舉（進士、舉人、貢士、薦辟、例選雜進、封贈、武科、武秩）、學塾（鄉飲、耆老）、人物（賢達、忠節、義士、孝友、文學、隱逸、技藝、流寓、釋道、節烈）、古蹟、宅第園亭（附古物）、古墓、軼事、文藝、碑記、風俗、方言（附讖語）、土產（附豐歉、祥異）十五門。正文標目與此微異。

　　是志記事至清同治六年（1867）。

　　此本有墨筆圈點、批校，末有1965年王德乾後記。首卷卷端鈐「王德乾印」白文方印、「惕時」朱文方印，錢以陶自序後鈐「槐蔭書屋珍藏」白文方印、「瓶如珍藏」朱文長方印。

　　王德乾後記曰：「廠頭在真如官十七圖，距真如鎮凡十有二里，以駐兵廠得名。駐兵廠者，宋韓蘄王抗擊金兵，駐節海上屯軍之所也，由來久矣。相距不遠之走馬塘、陣勢橋、三千里等，均蘄王駐節時之遺跡，況其地常能鋤得韓瓶，故信而有徵。清雍正三年，析嘉定縣東境建寶山縣，廠頭適當兩縣交

〔註11〕金恩輝、胡述兆主編：《中國地方志總目提要》，第9-31頁。

界處。梅君先生恐人文之瑞、物土之宜，兩邑修志，互相遺棄，故兼收並錄，總為一編。此疆彼界，分標兩地，以備輶軒之採，有所甄取，亦有心人哉。此書稿本也，藏於吾家，其必有故，豈清光緒八年邑志重纂時，先祖父諱家芝訪求所得者乎？封面各有「碧槐山莊」圖章，首頁各有「瓶如珍藏」圖章，又豈民國六年《寶山縣續志》設局纂修，先君子諱守餘撰邑乘訪稿時所徵集者乎？今俱作主人，莫可得而面請之矣。此志成書與清同治七年，其採訪焉周而賅，其纂述焉詳而審，綱舉目張，燦然畢呈。地雖僻遠，徵文者其如何仰體梅君先生之遺意乎？年久恐湮，以贈上海市文物保管委員會。公元一九六五年十二月，王德乾惕時識。」

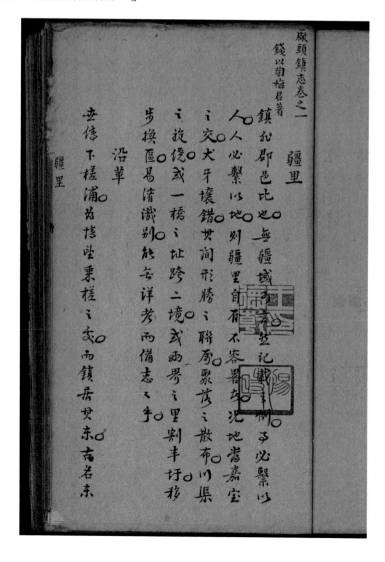

　　《中國地方志總目提要》著錄，《中國古籍總目》著錄，《上海方志資料考錄》、《上海方志提要》、《上海方志通考》著錄。惟廠頭鎮時隸寶山縣，《中國地方志總目提要》、《上海方志資料考錄》、《上海方志通考》隸於嘉定縣，《上海方志提要》則按今屬隸於普陀區，容可商榷。

　　有魏小虎整理本，收入《上海鄉鎮舊志叢書》，上海社會科學院出版社，2004 年出版。

　　上海博物館圖書館收藏。

二、〔光緒〕月浦志

（一）清稿本光緒月浦志　　807.2 / 269

　　〔光緒〕《月浦志》十卷，清張人鏡纂。清光緒十四年（1888）纂，稿本。4 冊。半葉 10 行，行 25 字，小字雙行同。書高 23.4 釐米，寬 19.2 釐米。首有原序（清嘉慶元年〔1796〕十月陳鈞《月浦志原序》）、清光緒十四年十一月張人鏡《重修月浦志序》、同輯姓氏、目錄。

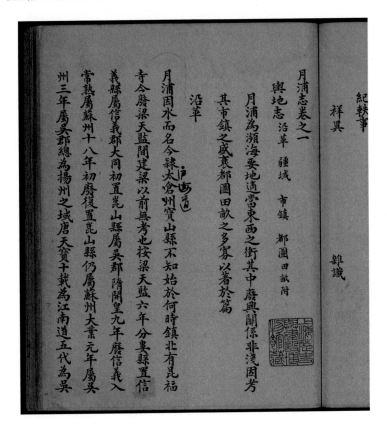

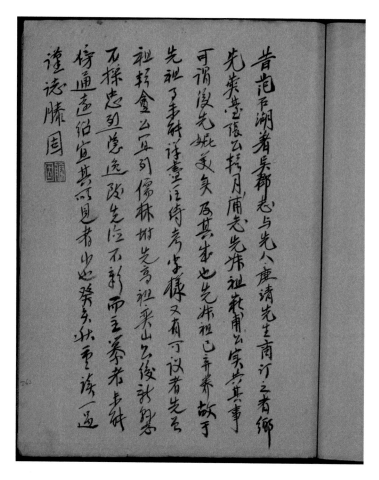

張人鏡，字心箴，號蓉臺，寶山月浦人，清同治諸生。著《師古堂詩稿》、《月溪風雅集》、《攬芳室詞稿》。

月浦，因水而名。清雍正三年（1726），析嘉定置寶山縣，月浦屬之。

張人鏡序曰：「月浦，水名也。鄉人聚族而居，號曰月浦。鎮未知始於何時，相傳建於宋，盛於明，衰於倭變。東北六里，與月浦接壤，有黃姚鎮，已沒入海，亦不知沒於何時。今何以有志？所以志月浦也，黃姚則無考矣。一以志風俗之盛衰，一以志人物之振興變革，俾居是土者有所觀感。志云乎哉？不過記事而已。或曰：郡有志，縣有志，而子獨斤斤於月浦一區，不亦贅乎？然或文獻無徵，採訪失實，孰若以月浦人輯月浦志較為親切指著明也？而況及今而輯之，已不能詳其顛末，後之視今，亦猶今之視昔，曷可無志？甲子秋，發匪初靖，余與陳生起霞赴試金陵，但見敗壁頹垣，屍橫遍野，初不料世故變遷，竟至如是。歸，乃與滕子崧甫、胡子固卿擬輯是書，苦無考證，適何

子淞漁袖出陳《志》一編相示，知為啟楓先生手筆，搜羅纂輯，審密周詳，乃為蹠事耳增之，匯成十卷，棄諸篋笥已十餘年。壬午春，邑令王有修志之舉，即以是編陳當事，以備輶軒。今於課徒之暇，又將近事復續於後，而崧甫、固卿已歸道山，起霞則連捷賢書，尚在京都供職，余亦垂老矣。因與余弟二磐、何子子桓、陳子起雲重為考訂而刪佚之。是為序。光緒十四年戊子冬十一月，五乳人蓉臺張人鏡書於攬芳室。」

是志「紀月浦一地資料甚豐富，以非成於一手，故重複糅雜，率未剪裁，有類長編，然考訂之勤，未可淹沒也」〔註12〕。是志「為增益補充重訂之志，剪裁尚粗」〔註13〕，有九門，五十目。第一卷輿地志，分沿革、疆域、市鎮、都圖（田畝附）四目；第二卷營建志，分海塘、橋樑、公所、善堂（義冢附）、祠廟、寺觀、坊表七目；第三卷水利志，分水道、治績、條論、濬法四目；第四卷選舉志，分進士、舉人、貢生、諸生、薦舉、例選、雜進、例貢、武進士、武舉人、武秩十一目；第五至六卷人物志，分仕跡、武功、儒林、文學、孝義、德義、隱逸、遊寓、忠義、方外、義耆、壽耆、藝術、列女十四目；第七卷藝文志，分碑誌、序文、傳狀、雜著四目；第八卷名勝志，分古蹟、第宅、園亭（八景附）、冢墓四目；第九卷風俗志，分風俗、節序（占候附）、方音、物產四目；第十卷紀軼事，分祥異、雜識二目。

此本末有癸亥秋滕固題識。癸亥，應為1923年。

滕固識曰：「昔范石湖著《吳郡志》，與先人廉清先生商訂之者，鄉先蓉臺張公輯《月浦志》，先叔祖崧甫公實共其事，可謂後先媲美矣。及其成也，先叔祖已棄養，故於先祖事未能詳盡，注『待考』字樣。又有可議者，先曾祖輯庵公宜列《儒林》，附先高祖奕山公後。新縣志不採忠烈、隱逸，致先德不彰，而主纂者未能傍通遠紹，宜其所見者少也。癸亥秋，重讀一過，謹志。滕固。」

《中國地方志聯合目錄》、《中國地方志總目提要》著錄，《中國古籍善本書目》、《中國古籍總目》著錄，《上海方志簡目》、《上海方志資料考錄》、《上海方志通考》、《上海方志提要》著錄。

有《中國地方志集成·鄉鎮志專輯》影印本，上海書店，1992年出版。有魏小虎標點本，收入《上海鄉鎮舊志叢書》，上海社會科學院出版社，2006

〔註12〕陳金林、徐恭時：《上海方志通考》，第349頁。
〔註13〕上海地方志辦公室編：《上海方志提要》，第425頁。

年出版。

上海博物館圖書館收藏。

第五節　金山縣小志

上海博物館圖書館藏金山縣小志三種。除此以外，金山縣小志尚有：清朱棟撰〔嘉慶〕《朱涇志》十卷，傳清楊學淵撰〔嘉慶〕《寒圩小志》〔註14〕，及清陳兼善輯〔宣統〕《續修楓涇小志》十卷首一卷，佚名纂〔民國〕《璜溪志》等。

一、干巷志

（一）清嘉慶刻民國重印本干巷志　　807.2 / 97

《干巷志》六卷首一卷，清朱棟纂。清嘉慶六年（1801）柘湖丁氏種松山房刻民國二十二年（1933）重印本。2冊。半葉8行，行17字，小字雙行同。白口，左右雙邊，單魚尾。版心上鐫「干巷志」，中鐫卷次及卷名，下鐫頁碼。書高28釐米，寬17.8釐米，框高19.2釐米，寬12.9釐米。有牌記「嘉慶辛酉柘湖丁氏種松山房所刊，光緒癸卯歸於干巷鄉先哲祠，華亭封文權題」。首有嘉慶四年（1799）陳栻《序》、嘉慶四年七月程超《序》、嘉慶四年九月徐昭文《跋》、嘉慶四年十月周爾聯《跋》、嘉慶四年朱棟自序、凡例、參校姓氏。末有民國二十一年（1932）十月曹秉章《鈔干巷志書後》。

朱棟（1746～？），字二垞，金山干巷人。補諸生，候選州同知。著有《硯小史》、《二垞詩稿》、《二白詞》等，纂《朱涇志》十卷。

干巷，又名干溪、東干、干將軍里，以干姓而得名。原隸華亭，清順治十三年（1656）分縣後隸婁縣，雍正四年（1726）分縣後隸金山。

陳栻序曰：「士之能文者，習於文而無裨於行，弗貴也。因行而及人之文，即以文而載人之行，則所載之文行藉以傳而載之者之文行，亦因以見。栻秉鐸金山，甫抵任，邑孝廉山村程先生首述二垞朱子文與行至高。越日，丁君德培挾其所撰《干巷小志》以請序。披閱一過，不覺慨然有感焉。凡人誦陳編，稽往跡，皆可興起於善，而感發尤切者，莫如里之人。鄉閭子弟，往往聞里中父老談遺事，莫不悚焉靜聽，感慨噓唏，豈非耳目所及，其感人尤易入

〔註14〕上海通志編纂委員會編：《上海通志》第10冊，第6897頁。

乎？二垞之為斯志也，蓋欲同里閈者，讀而識之，見若孝而純、悌而謹者，則知性之不可漓；見若嚴於師、篤於友者，則知情之不容偽；見若貧而貸、殯而賻者，則知誼之不容辭；見若貴有為、貧有守者，則知達不可以離道，窮不可以無志也。至若文士之必以實，列女之必以貞，一藝之精於勤，方外之嚴於律，以及第宅之廢興，釣遊之往跡，詩文之清麗，莫不燦然具陳，獨無一事言人之不善。嗚呼，讀斯志者可見仁人君子之用心，益信山村之言為不虛也。夫修志為邑父母事，而司學校者，亦與有責焉。栻以五日代庖，不及為，乃得有心人如二垞者，即其所居之地，廣為收輯，以待將來。其用心更深且遠矣。栻雖不文，謹即其文以原其行，而樂為之序云。嘉慶己未小雪日，平陵同學愚弟陳栻拜撰。」

程超序曰：「志所以輔史也，顧非有史職者，雖擅三長，稱博物，不能儼然操筆削之政也。志則隨夫人之見聞、地之大小，可一一而條列之，勒為成書，俾閱者了然於土物之清佳、人文之秀蔚，較《齊諧》、《虞初》諸作，不有間耶？歷朝統志外，自直省以至郡邑，莫不有志。顧一志之成，必分任採訪，搜羅雜記，閱歲月而始就。審是而鄉里小志，亦有不可少者。金山邑乘大半取材於朱里志。志為古匏朱先生筆，未付梓而鈔本亦散軼。余嘗思購善本而續之有志，未逮披讀《干巷志》，而歎二垞朱君之先得我心也。千里僻在東偏，而為我邑人文之藪，譙國一家自芸閣侍御後，無論科第聯翩，而學問之淵懿、人品之卓越，代不乏人。他若人以德傳，地緣人重，與夫藝術、方外，皆屬郶壄松柏，非賴博洽有心之君子舉而筆之於書，其不湮沒者幾何哉？嘗思士生斯世，達則以燕許大手筆，發為高文典冊，哀貶予奪，與涑水、廬陵相後先，否則就所睹聞，閱歷山川勝蹟，歲時風物，俱足考核而詳記之。矧以枌榆故土、祖宗靈爽所憑依，童時釣遊所流憩，流風餘韻，可傳可法，而顧聽其澌滅無聞，可乎？是編之成，一以俾潛德之不湮，一以備將來之採取，其用意蓋深遠矣。二垞學博文高，年尚富，而著作等身，霧豹一斑，已見學有根柢。異日掇巍科，入詞垣，石渠、天祿校中秘而撰國史，著述更有什伯於斯者。讀是書也，以為直省郡邑志之權輿也，可為作者史才之發軔也亦可。時嘉慶四年七月同學弟山村程超序。」

徐昭文跋曰：「余聞二垞名久矣。初見其古今體宗唐越宋，追逐李何時，則但知其為詩人。繼見所作記傳典雅古茂，務去陳言，又知其為文人。既而一再相見，見其出言不妄，交遊不欺，臨財不苟，更知其為端人。茲讀其新撰

《干巷》、《朱涇》二志，搜求遺逸，樂道人長，誠如容軒陳學博所序云云者，不禁掩卷太息，竟為我邑之善人君子人。嘉慶己未九月十日，愚弟中孚徐昭文拜跋。」

周靄聯跋曰：「統志、通志之外，府、州、縣各有志。山川、人物，識其大者爾已。其於鄉曲墜聞，不及野志之詳，而輯官志者，大率資以成書，是野志實府、州、縣志之椎輪也。二垞朱子世居金山之干巷鎮，撰《干巷志》一編，自元迄今，人物、藝文燦焉具在，其用心可謂勤矣。予自弱冠即賦遠遊，

邇者遍歷楚、蜀、黔、滇，迄乎兩金川、烏思、藏，足跡經數萬里。頃歸里門，旋即有滇南之役，釣遊之地，如在夢中，以視君之網羅散佚，成一家之言者，不有愧乎？朱涇鎮向有朱貞階所輯《朱里志》，君能出其餘力，續而成之，當可與斯編並傳也已。嘉慶四年十月，愚弟周靄聯跋。」

　　朱棟自序曰：「我邑衛城朱里、璜溪皆有志，而干巷無是焉。自曹氏十數公科第蟬聯，著作宏富，而竟漠然於鄉黨者，豈家乘之外，別無足錄耶？抑務為其大，而未暇及此耶？識者曰：『此正我里之缺事。昔聽岩姚先生撰《松風餘韻》，熙如太史欲輯干里人文以附之，會其卒而止。厥後，邑侯常公創邑志，其弟淡齋明經任人物、科目，頗為詳盡。聞為庸妄者所刪，由是我里之失傳者多矣。』余生也晚，不獲追隨諸君子，執役筆硯之側，猶幸日從諸父老遊，習聞可喜可愕之舉，嘗從頹垣廢礎間憑弔賢豪，搜求遺集，而簡殘編蠹，筆墨罕傳，幸而僅存，不過留什一於千百耳。豈非前人紀載之疏哉？夫士君子生長窮僻之鄉，幸而身登科第，內讀中秘書，外作百里宰，至清門淪落，文行無稽者，所在多有，而況抱才不遇，草萊終身？姓氏不出里閈，與牧豎耕夫同歸泯沒者，何可勝道？於此得一後生好事徵獻考文，匯一編以存於世，無論傳之久遠，即今日展卷流連，不啻聚四五百年賢士大夫、草茅英傑於一堂，而呼之欲出，則聞見既真，應勿譏其妄作也。棟家世居新安之月潭，自高祖若沖公遷於干，遂為里人，於今六百年，歷五世矣。因念自元以前既莫考，由明以降尚可徵，爰訂是編，以補前賢之缺，以附衛城《朱里》、《璜溪》諸志之後云。時嘉慶四年歲次己未，里人二垞朱棟書。」

　　曹秉章書後曰：「干巷舊隸華亭。清順治中，分華亭地為婁縣，因隸婁。雍正初，又分婁地，設金山縣，改隸金山。我家提舉公元末避兵居此，為由瑞安牽華亭始祖。七傳至南安公，於明嘉靖間占籍嘉善，而居干巷，宗支固已蕃矣。崇禎鼎革，南安公孫宗伯公復歸於干巷，宗伯公後人自是亦有分居干巷者。嘉善去干巷百里而遙，片帆可達，族之人以時往還，憂樂相聞無稍間。且宗伯公有祠在干巷，歲時享祀觴豆，趨承善之子姓，無弗往與將事者，故自順治至道光一百八十年中善與。干雖界判蘇浙，在我家直閈里視之，而自宗伯公逮我高、曾，科目、行誼、撰著，華、婁、金三縣志悉載之，不以浙籍而見屏也。道光而後，驟丁兵革，凋喪實多，兩地宗族盡有存者，各貧困不自保，以末由相問恤。秉章客生於汴，少丁孤露，既長，歸善，初不知有干巷，閱族譜始知之。干巷之有志，則於族伯古村公處見舊鈔志之藝文殘帙二

紙而知之。此殘帙乃公咸豐中避寇漁渡浜，得於田隴間者。以章有衷輯先集之志，出以相示，中有碧軒、拙庵兩公詩各一首，鎔齊公詩四首，雪厓公《永隆橋頂大榆歌》僅存字一行。志所登者，必不止此。藝文而外，必更有先世遺聞軼事，足備文獻之徵者。四十年來，南轅北轍，寤寐求之，迄不可得。今秋，金君籛孫為假諸金山高君吹萬，三千里外郵寄而來，志凡六卷，嘉慶初朱二垞氏撰。二垞為我曹氏甥，故載曹氏事綦詳。章所力求而欲知者，無不備，藝文之足資綴輯，其一端耳。饑渴之思既慰於一朝，亟倩君儒二叔為我鈔之，以原書郵歸高君。高君居秦山，與干巷為比鄰。高君書云，志板藏干巷鄉先哲祠，他日當覓印本貽我。又屬其門人俞寶琛探得干巷族人消息，是皆籛孫達我所思於高君，而得致之者。籛孫，吾老友。高君，素未相知，因籛孫一言而腍摯若斯，孰謂世風之不古若哉？且干巷蕞爾鄉鄙，而有志記風，士有祠祀，先哲又各保存於烽火之餘，為大不易。吾知斯鄉固自古多君子，宜我提舉公定宅於先宗伯公族居於後，擇仁而處，以長子孫，非僅關人關地之為然也。章今亦逢鼎革，頹然病廢，窮寄舊都，嘉善且不得歸，遑言干巷？偶一念及提舉、宗伯兩公處亂世而以道自全之樂，與宗伯公以下，逮我高、曾處承平而以道自全之盛，渺在霄漢，可望不可即，獨於斯志。章以垂盡之年，猶得藉昔賢纂述，凜乎若接祖宗典型於三百載之上，不可謂非天幸。然非古村公貽殘帙於前，無由而知之。疑公當日倉皇檢拾之時，有呵護而驅使之者矣。是用備述往事，亦略及吾生平云。壬申孟冬，痺叟曹秉章記，時年六十九。」

「東干偏僻，人物寥寥」，里人朱棟「因念自元以前既莫考，由明以降尚可徵，爰訂是編，以補前賢之缺」。（本志《凡例》）是志可補邑志之略，人物傳則仿照《婁縣志》體例，不分類而以時代為次，有十二門。卷一疆域、山水、科目（附例貢、例監、吏員、恩賚）三門，卷二人物，卷三人物、藝術、列女、方外、第宅、墳墓、寺觀、橋樑八門，卷四至六藝文。

是志斷限，起自元代，迄清嘉慶初年。

《中國地方志聯合目錄》、《中國地方志總目提要》著錄，《中國古籍總目》著錄，《上海方志簡目》、《上海方志資料考錄》、《上海方志提要》、《上海方志通考》著錄。惟《中國地方志總目提要》誤著錄書名作「乾巷」。

有《中國地方志集成·鄉鎮志專輯》影印本，上海書店，1992 年出版。有董桂蘭、楊豔娟標點本，收入《上海鄉鎮舊志叢書》，上海社會科學院出版

社，2005 年出版。

　　除上海博物館圖書館外，中國國家圖書館、上海圖書館、天津圖書館、吉林圖書館、浙江圖書館、甘肅省圖書館、江西省圖書館、湖北省圖書館、蘇州圖書館、北京大學圖書館、中央民族大學圖書館、復旦大學圖書館、華東師範大學圖書館、山東大學圖書館、廈門大學圖書館、鄭州大學圖書館、中國社會科學院考古研究所、中國科學院南京地理與湖泊研究所、南京博物院、日本京都大學人文科學研究所、美國國會圖書館、哈佛大學哈佛燕京圖書館、哥倫比亞大學圖書館等收藏。是志又有清嘉慶六年（1801）柘湖丁氏種松山房刻本、清光緒二十九年（1903）重印本。

二、重輯楓涇小志

（一）清光緒鉛印本重輯楓涇小志　　807.2 / 245

　　《重輯楓涇小志》十卷首一卷末一卷附一卷，清許光墉、葉世熊、費瀓修輯。清光緒十七年（1891）鉛印本。4 冊。半葉 11 行，行 24 字，小字雙行同。下黑口，四周單邊，單魚尾。版心上記「重輯楓涇小志」，中記卷次及卷名，下記頁碼。書高 24.4 釐米，寬 14.5 釐米，框高 16.4 釐米，寬 12.3 釐米。首有清光緒十七年十一月張紹文《重輯楓涇小志序》、光緒十七年十二月江峰青《楓涇小志序》、光緒十七年六月顧仁福《重輯楓涇小志序》、光緒十七年十一月沈祥龍《重輯楓涇小志序》、目錄、凡例、圖考（《鎮河分界圖》）、宸翰、錫賚。末有考證、刊誤一卷。附有沈蓉城撰《楓溪竹枝詞》一卷，光緒十七年十二月沈杞識語。

　　許光墉，字侍庭，金山楓涇人，附貢生。葉世熊（1837～1909），字培卿，江蘇青浦人，遷居楓涇。著《醉月居詩詞鈔》，纂《蒸里志略》。費瀓，字二川，金山楓涇人。

　　楓涇，舊名白牛村、清風涇、風涇，元改為鎮。鎮於明代隸嘉善、華亭二縣，清順治十三（1656）年屬婁縣。

　　張紹文序曰：「余昔以軍事往來吳越間，歷楓溪，見林木陰翳，廬舍鱗次，清流激湍，晶瑩如雪。山川鍾淑之氣，撲人眉宇，意必有隱君子者，艤舟低徊而不能去。後十餘年，宰婁邑乃識。境屬婁南四十五里，即古清風涇，宋陳舜俞之所居也。宋置驛，通秀州，為江浙界首鎮之南半，屬嘉善。順治初，用形家言，築碣於東柵，以堰水，科第相繼，商賈叢集，至今稱蕃庶焉。雪莊先生

採輯成志，陳竹士明經取而裒益之，稿未鑴，遽歸道山。中更兵燹，世易時移，疆域之沿革、學校之廢興，與夫賢人君子、孝子悌弟、士女貞義之行，代有興者，使無紀載以表彰之，後之人將何述焉？今許君侍庭偕葉君培卿、費君二川慨然引為己任，取曹、陳所編輯，網羅散佚，博採舊聞，逾年成書十卷，各以類附，以補前志之缺，而釐定其體，蓋事雖因，實同於創者也。昔江文通謂修史之難，無過於志，誠以志者，典章所繫，非爾雅之才，資於故實，不足以補益舊聞，昭示來茲也。歷年久遠，考核尤難，所見異辭，所聞異辭，所傳聞又異辭，察貌遺形，有必然者，諸君子之用心亦良苦矣。余獨念方志之作，即《周官》訓俗之義，推而廣之，於以鏡臧慝，考得失，資治理耳。莫為之前，雖美弗彰，莫為之後，雖盛弗傳。況夫天下者，郡縣之所積也。郡縣者，鄉里之所積也。一勺之水，可以知滄海之大；一臠之味，可以知膾炙之美；一粉米之繡，可以知黼黻之華。古之君子，處則以禮教化其鄉，出則以廉正效於國，故家修廷獻，亙古如斯。野史稗官，輶軒必錄，或者不察，謂此特一鄉紀實，僅足供藝苑之珍秘也，豈定論哉？吾願生是邦者，敦本善俗，砥礪廉隅，以期學修行舉，與前之宗工傑士頡頏後先，是則修志者之深心也。余不獨為秉筆者幸，且為一方之風俗幸也，故志之成也，樂得而為之序。光緒十七年辛卯仲冬月，知婁縣事桐山張紹文序。」

江峰青序曰：「今年夏，余奉憲檄，承乏嘉善。下車試士，首選卷為楓溪朱茂才。歲值大比，循例決科，又得楓溪程生為多士冠。楓溪舊有書院，每月朔，由縣課士一次，佳構林立，雖高下不齊，而草率從事者不經見。士者，四民之首也。文教者，地方風化之符也。以此知楓溪為文物之區，而前輩之流風餘韻，猶未有艾也。間嘗因公戾止，見市廛輻輳，煙戶繁盛，農工商賈，各安其樂。俗尚華飾，而不傷於靡，人務機智而弗荒於嬉，都人士因事接見，類皆彬彬儒雅，街巷潔治，橋樑完固，地方恤嫠、育嬰、施棺各善舉，次第具備。官斯土者，顧而樂之，慨然景慕白牛居士陳令舉先生之為，人以為君子之澤，信乎其未斬也。楓溪以先生故，又名白牛村，後之人仰其清風亮節，又名清風涇，而號其鄉曰奉賢德鄰仁里。生齒日蕃，賢豪輩出，而因革、損益、盛衰、興廢之故，歷數傳而一變。其間忠孝、廉節與夫文人學士之嘉言懿行，亦與時俱增。今許侍庭、葉培卿、費二川諸君子，因曹雪莊、陳竹士兩先生《楓溪小志》舊稿，遠摭近拾，博採廣搜，期於無冗無漏，而問序於予。讀其書，綱舉而目張，擇精而語詳，斐然作述之美，足以風世，足以傳世。夫徵考

文獻，風勵末俗，有司之職也。綜覈名實，網羅散佚，亦吾儕之責也。予雖不文，而適與諸君子商辦九十餘年未修志嘉善邑志，喜是書之成，將有以參互考證也，因樂為之序。光緒十七年歲躔辛卯嘉平月中澣，知嘉善縣事婺源江峰青謹序。」

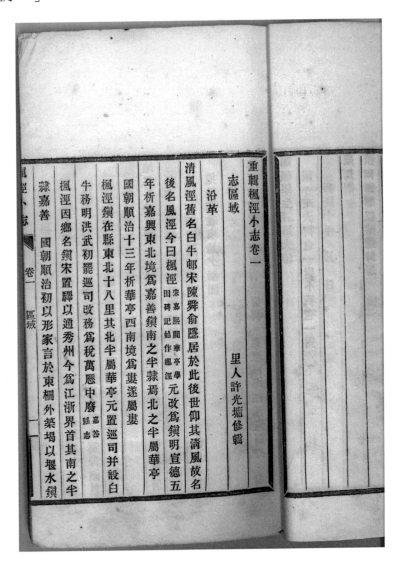

顧仁福序曰：「楓涇，舊名白牛市，元至正年間始立為鎮，置巡司。明宣德年間，析嘉興縣為嘉善，鎮之南隸之，鎮之北屬華亭。國朝順治中，又析華亭為婁縣，遂屬婁。嘉善主簿、婁縣巡檢及兩邑分防外委並駐於斯。東望雲間，為泖口要隘；西望張涇匯、九里鋪，遞之所由焉。嘉慶時，曹雪莊先生相

駿謂澉水有志，烏青鎮有志，楓涇緊豈無人而不加收齒乎？爰自有明以來，里中耆舊遺文佚事，珍同球璧，採備無遺，署曰《楓溪小志》。厥後，陳竹士明經宗溥獲其稿，仿縣志例，徵舊聞，附新獲，十年而稿具，增益大半。光緒年間，《嘉興府志》、《婁縣志》先後重修，陳明經上其書，而當時所採無幾。今陳明經歸道山十餘年矣，侍庭許君光墉、二川費君沄恐年久散佚，乃同葉君培卿世熊以陳稿為權輿，旁搜博採，編次先後，名曰《重輯楓涇小志》，復經仲周陳君繼祺參校，將集貲付刊，諗於福仁曰：『此一鎮之掌故也，請闕者補之，冗者汰之，以為他日修志之一助，可乎？』爰且讀且繹，訖於終卷。復於侍庭、二川兩君子曰：『山川、形勝、土田上下、農桑、物產諸類，大都分善、婁兩志之緒，餘無足深論，而一時風尚，醇漓，戶口登耗，閱數年而不同。乃自開國以來，人材蔚興，經濟、文章，流播遠近，閨貞閫烈，彤管斯輝，有所稱述，依於庸德，不為溢美也。昔沈瀛壺先生所輯郡志，劉公應珂以為繁重，削去大半，嗣後李太僕日華應修縣志，悉為補採。然則是編也，余又何汰之有？吾人伏處一鄉，足跡所經，耳目所及，暇日掊撮，初無官司程限，確而可信，諸君子有意校存，不大愈於雕蟲篆刻乎？末卷拾遺，足資談助。鳧履登朝，蛇劍穿屋，史筆謹嚴，猶登異說，知言君子當可無譏已。光緒十有七年歲次辛卯六月，嘉善顧福仁序。」

　　沈祥龍序曰：「江蘇、浙江之東西交界有鎮曰楓涇，其鎮半隸婁縣，半隸嘉善縣，蓋兩省往來之孔道也。案楓涇舊名風涇，宋楊潛《雲間志》載風涇鄉，在華亭縣西南六十里。國朝謝庭薰《婁縣志》謂楓涇因鄉名鎮，宋置驛以通秀州。據此知風涇鎮始於宋時，至元明而戶口日繁，市廛日盛。逮至我朝，人文蔚起，宗工碩士，頡頏後先，如謝侍郎墉、陳光祿孝泳、蔡殿撰以臺，以通儒膺聖主，殊眷沈進士泓以孝行稱，許觀察樁以忠節著，其他懷才負奇、名震遐邇者，代不乏人。雖區宇只此一隅，而靈秀鍾聚，不遜通都大邑。又地為水陸所湊，商賈駢集，田野沃饒，民務儉勤，戶號殷富，數百年來未之變也。楓涇舊無志乘，凡分載於嘉善、婁邑兩志者，亦略而未備。嘉慶間，里人曹君相駿始輯《楓涇小志》。後陳君宗溥續為纂修，搜羅考訂二十年，視曹志為詳。其書未及刊行，而陳君卒矣。往歲，許君光墉、葉君世熊、費君沄取陳稿重加釐定，遺者補之，誤者正之，稿又增十之三，分為十卷，而陳君維祺復任參校，排印以行世。其書體例秩然，繁簡適當，足以信今傳後，而攸關於兩邑掌故者，厥功匪淺，豈特一鎮之光也哉？憶余昔時客楓涇四五

載，與葉君交最深，而葉君出陳君之門，因得識陳君。會商榷此志，是時老成猶在，文酒之會，時相往還。兵燹以後，滄桑變易，而朋舊亦大半凋落矣。茲與葉、許、費諸君按圖經訪舊跡，其能無今昔之感耶？然而風俗猶是也，人心猶是也。是則讀此志者所欣然神往也夫。光緒十有七年辛卯冬十一月婁沈祥龍序。」

沈杞識曰：「昔陳紅圃方伯有《竹枝詞》，其稿不獲見。嘉慶丙子，曾大父秋航府君出所著《竹枝詞》百首，刊行於世。庚申遭兵火，板毀而原本流傳亦鮮，擬重刊，未果。今葉君培卿、費君二川、許君侍庭有重輯《楓涇小志》之舉，杞謹錄是編，請於諸君子，曰：『世運之盛衰、風俗之變遷，不無今昔之感，是亦足資掌故，願附於後，可乎？』諸君子曰：『可。』而杞重刊之志，於是乎副，爰贅數語，以志緣起云。辛卯季冬，沈杞謹識。」

是志係據曹相駿《楓涇小志》及陳宗溥增訂本以增修，有九門，五十四目。卷一志區域，許光墉修輯，有沿革、形勝、界至、鄉保、鎮市、村莊、街巷、橋樑、津渡、隄堰、水柵、風俗、食貨、川澤、水利十五目；卷二志建置，許光墉、葉世熊修輯，有官署、鋪驛、營汛、義建、倉庾、坊表、寺觀、祠廟八目；卷三志名蹟，費沄修輯，有古蹟、園林、第宅、冢墓、義冢（附）五目；卷四志選舉，葉世熊、許光墉修輯，有辟薦、進士、舉人、貢生、武科、掾敘、儒官、藝進、議敘、保舉、應例、封贈、廕襲、職官（附）十四目；卷五志人物，費沄、許光墉修輯，有列傳（上）之目；卷六志人物，葉世熊、費沄修輯，有列傳（下）、宦績、藝術、僑寓、方外五目；卷七志列女，許光墉修輯，有列女、閨秀（附）二目；卷八志藝文，葉世熊修輯，有書目、集文二目；卷九志兵事，許光墉、費沄修輯，有兵事、殉難二目；卷十志拾遺，許光墉、費沄修輯，有拾遺一目。

是志體例有未備處，清宣統二年（1910），里人程兼善對其加以修訂，輯成《續修楓涇小志》十卷首一卷，清宣統三年（1911）鉛印本。

此本有一紅色簽條，云：「凡訛誤出，皆印紅圈，請檢末卷後《考證、刊誤》各條核之。」此本文字訛誤處舊有塗改。《上海方志資料考錄》云是志有陳銓衡跋〔註15〕，此本未見。

《中國地方志聯合目錄》、《中國地方志總目提要》著錄，《中國古籍總目》著錄，《上海方志資料考錄》、《上海方志通考》、《上海方志提要》著錄。惟各

家著錄未注意是志有附一卷。

有《中國地方志集成‧鄉鎮志專輯》影印本，上海書店，1992 年版。有姜漢椿、姜漢森整理本，收入《上海鄉鎮舊志叢書》，上海社會科學院出版社，2005 年出版。

除上海博物館圖書館外，中國國家圖書館、上海圖書館、南京圖書館、天津圖書館、浙江圖書館、中山圖書館、南通圖書館、無錫圖書館、揚州圖書館、北京大學圖書館、北京師範大學圖書館、華東師範大學圖書館、南開大學圖書館、山東大學圖書館、吉林大學圖書館、中山大學圖書館、中國科學院圖書館、中國科學院南京地理與湖泊研究所圖書館、中國國家博物館、南京博物院、日本國會圖書館、美國國會圖書館、哥倫比亞大學圖書館等收藏。

三、重輯張堰志

（一）民國鉛印本重輯張堰志　807.2 / 249

《重輯張堰志》十二卷首一卷末一卷，姚裕廉、范炳垣纂修。民國九年（1920）金山姚氏松韻草堂鉛印本。2 冊。半葉 13 行，行 33 字，小字雙行同。下黑口，四周雙邊，單魚尾。版心上記「重輯張堰志」，中記卷次及卷名，下記頁碼及目名。書高 26 釐米，寬 15.2 釐米，框高 19.3 釐米，寬 13.2 釐米。有牌記「松韻草堂印」。首有民國八年（1919）十月高煌《重輯張堰志序》、目錄、同修姓氏、凡例、圖經（《張堰鎮全圖》）、宸翰、錫賚。末有舊序（清道光十八年〔1838〕十二月時之瑛《張堰志略序》）、舊志略目錄、舊小志目錄、民國九年（1920）八月姚後超跋，又有勘誤表。

姚裕廉，字貞甫，又字崧齡，金山張堰人。范炳垣，字伯鴻，金山張堰人。

張堰，舊名張涇堰，又名張溪、赤松里，以相傳張良從赤松子遊曾據此而得名。原隸華亭，清順治十三年（1656）分縣後隸婁縣，雍正四年（1726）分縣後隸金山。

高煌序曰：「昔在光緒乙酉、丙戌間，故友顧子蓮芳館張堰姚君介山家。介山與煌為中表昆弟，故每三五日，煌輒一往，至則與蓮芳稽經諏史，窮晨夕不倦。蓮芳時治明史，讀橫雲山人所著史稿，因歎我鄉文物一時稱盛，有餘慕焉。已而介山攜時氏《張堰志略》鈔本見示，且謂蓮芳：『志即一方之史也。子喜讀史，盍亦於此加之意乎？』蓮芳則大韙之。於是搜求遺軼，匯為一

編，名《闡幽錄》，藏諸篋衍，以備異日修補里乘之用。蓮芳劬學早世，煌之鄙陋又復無能為役。荏苒駒光，常用歎憾，茲者姚先生貞甫有《重輯張堰志》之作，介山為任校刊，屬為之序。余維時志迄於道光戊戌前乎此者，人才蔚起，文章功業，名德懿行，以至風俗物產，一長一藝之微，甄採所及，炳若日星，後此則記載缺如，浸以滅沒，欲問故老而知者鮮矣。今讀先生此書，非特近世搜訪靡遺，即為前志之所未備，亦為網羅放失，精審有加。余乃流連慨想，不能置夫自時氏以來，四十餘年，我鄉多士不無卓卓可表見、能撰述者，而獨莫肯從事於此。蓮芳則固事此矣，而不幸短命，於事未竟，又忽忽三十餘年，而先生乃始告厥成功。先生行登大耋矣，高年宿學，巋然靈光，而七十餘年中，人才蔚起，文章功業，名德懿行，以至風俗物產，一長一藝之微，竟賴先生以永其傳，則雖謂地下之達人傑士，皆食先生之福也可，即謂食先生之福，愈以呵護有靈，使先生享有遐齡，以卒盛業也，亦無不可。煌之序此書也，譬若奉觴為先生壽，且為我瀕海一隅，將湮未湮之掌故壽，而回憶昔時同學少年，志氣盛，發憤著書，曠然遠覽之餘，亦欲以上承先哲、下啟後賢，轉瞬之間，乃如煙雲縹緲之不可即，又不勝人琴之感云。始先生之為此葉，與范先生伯鴻皆偕書未畢，而范先生歿，先生感焉，故屬並書之。己未十月，同里晚生高煌謹序。」

姚後超跋曰：「我張堰素稱聲名文物之鄉，而顧無志乘之傳世。在昔有乾隆季年吳大復輯《留溪小志》，稿已殘佚。及道光戊戌，時之瑛輯《張堰志略》，亦未刊梓。其後則更無繼起而為之者，是非特道光以來至於清末七十餘年中之遺聞佚事，未有著錄，即道光以前溯於遠古，其文獻之已有著錄者，亦將湮歿而失傳。此居是鄉者之恥也。我伯父貞甫先生有鑑於此，十餘年前，約里中諸老，遂有重輯張堰志之舉。我父亟慫恿之，相各網羅採訪，我伯父以總其成。伯父碩學大年，精神矍鑠，審慎從事，一不或苟。其道光以前，則本吳、時兩稿而增訂之，道光以後，斷於清末，則以耳聞目睹所得而續修之，使張堰自古以來之文獻燦然大備。書成，又手自工筆寫定，舉視小子參末議，余小子無似，安敢妄贊一辭，乃得呈於我父，而付之梓。夫志之為體，所以鏡既往而詔將來。張堰在昔風俗醇厚，物力富庶，而人才蔚起，文學、事功皆彬彬稱盛。今則起視里閈，有江湖日下之勢焉。余受讀既竟，而不覺感慨之無窮也。刊而傳之，亦足使居是鄉者得以徵文考獻，念詩人敬恭之義，而知所興起哉。中華民國九年庚申中秋節侄姚後超（一名光）謹識。」

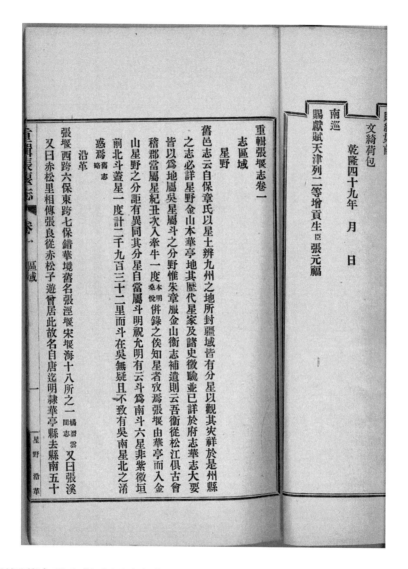

張堰舊有吳大復《留溪小志》、時之瑛《張堰志略》兩志，記事至清道光十八年（1838）。「凡道光以前事實，本之吳、時兩稿而增訂之，道光以後斷於清末，則搜訪續撰，輯成此志。」〔註16〕是志目錄有十一門，五十三目。卷一志區域，有星野、沿革、形勝、界至、鄉保、村市、坊表、衢巷、橋樑、津渡、風俗、物產、山、水、水利十五目；卷二志建置，有官署、廢署、義建、學堂、祠廟五目；卷三志名蹟，有古蹟、寺觀、第宅、園林、冢墓五目；卷四志職官，有官制、巡檢題名、浦東場題名三目；卷五志選舉，有舉人、進士、

貢生、武科、辟薦、議敘、應例、封贈、錄廕、備考十目；卷六至七志人物，有列傳、藝術、寓賢、方外四目；卷八志列女，有完節、義烈、賢淑（附才女）三目；卷九志藝文，有書目、集文、集詩（附竹枝詞）、金石四目；卷十志武備，有兵防、兵事（附殉難）二目；卷十一志祥異，有祥異一目；卷十二志遺逸，有遺逸一目。正文目次與目錄略異，無「書目」而列經部、史部、子部、集部四目，故實有五十六目。

是志記事至宣統三年（1911）

此本內封有題字曰：「壬戌一陽月下旬，省委考察金山自治事宜，宿朱涇鎮鍾家棧。逆旅小（主）〔住〕，桐生以此見貽，志之藉留鴻爪。靜拜。」

《中國地方志聯合目錄》、《中國地方志總目提要》著錄，《中國古籍總目》著錄，《上海方志簡目》、《上海方志資料考錄》、《上海方志通考》、《上海方志提要》著錄。

有《中國地方志集成·鄉鎮志專輯》影印本，上海書店，1992 年出版。有戎濟方點校本，收入《上海鄉鎮舊志叢書》，上海社會科學院出版社，2005年出版。

除上海博物館圖書館外，中國國家圖書館、上海圖書館、南京圖書館、吉林圖書館、甘肅圖書館、湖北圖書館、南通圖書館、蘇州圖書館、無錫圖書館、北京大學圖書館、清華大學圖書館、北京師範大學圖書館、復旦大學圖書館、華東師範大學圖書館、南京大學圖書館、南開大學圖書館、中國科學院圖書館、中國國家博物館、中國科學院南京地理與湖泊研究所、上海辭書出版社、日本東洋文庫、美國國會圖書館等收藏。是志又有稿本，藏上海圖書館。

第四章　其他類

　　上海博物館圖書館所藏方志，除府志、縣志、小志等區域志外，還有一些專志、雜志，大多獨具特色。其中有些方志未經著錄，比如《青浦人物志》、《孔宅聖廟志》、《歇浦雜記》等；也有些方志的版本未經著錄，如《華亭節孝錄》、《雲間據目抄》等；還有些是比較稀見的，比如〔康熙〕《孔宅志》等。

　　此外，上海博物館圖書館還收藏了幾種方志資料，亦具史料價值，不容忽視。

第一節　專志

　　上海博物館圖書館藏專志五種，其中有園宅志和人物志兩類，未見山水志、寺廟志。園宅志則有〔康熙〕《孔宅志》和《孔宅聖廟志》兩種。人物志則有《青浦人物志》、《錄真如里人物纂入太倉州志者彙編》和《華亭節孝錄》三種。

一、〔康熙〕孔宅志

（一）清康熙刻雍正增刻後印本孔宅志　　807.2 / 25

　　〔康熙〕《孔宅志》八卷首一卷末一卷，清孔毓圻等修，孫鋐等纂。清康熙五十六年（1717）刻雍正初年增刻本。1函6冊。半葉10行，行21字，小字雙行同。白口，四周單邊，單魚尾。版心上鐫「孔宅志」，中鐫卷次，下鐫頁碼。書高25.3釐米，寬16.1釐米，框高21.2釐米，寬14.6釐米。首有崇聖盛典、御製至聖先師孔子贊、御製四子贊，皆朱印；又有孔毓圻《孔宅志序》、吳存禮序、林之藩序、目錄、纂修職名、崇聖紀實、舊序（明萬曆三十

七年〔1609〕十一月申時行《孔宅志舊序》、清康熙二十年〔1681〕二月葉方
藹《孔宅續志》）、新舊圖經考。末有功祠牒縣。

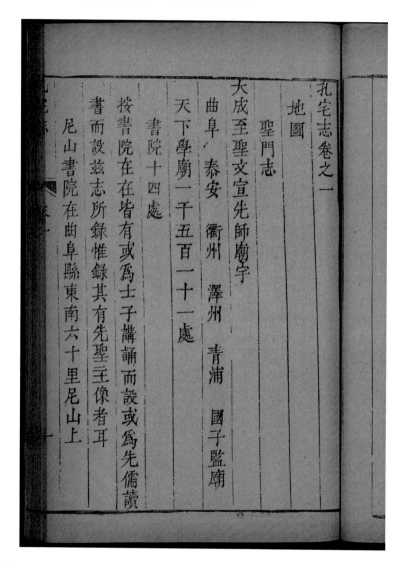

孔毓圻（1657～1723），字鍾在、翊宸，號蘭堂，孔子六十七世孫，山東
曲阜人，襲封衍聖公。孫鉉，字思九，號雪窗，監生，青浦人。著《繪影詞》、
《鏤冰詞》等。

孔毓圻序曰：「欽惟我皇上化洽寰區，治超隆古。危微精一，衍十六字之
心傳；寤寐羹牆，接五千年之道統。敷政先之敷教，博採諸儒；作君兼以作
師，尤崇至聖。肇舉巡方之典，遂傳幸魯之儀。鐏罍式虔，笙鏞在序。津橋停

輦，集四氏以加恩；魯壁捫碑，進諸生而講藝。天章寵錫穹瑤，屹立於杏壇；師表特書巨額，高懸於黌序。蓋當玉弩載驚，而後典禮莫逾；亦從金書遞出，以還表彰極盛。惟茲孔宅，昉自隋朝。由先太傅，因避地而卜居；暨家長史，奉遺珍而設冢。衣冠儼在，如披麟綬之圖；譜牒昭垂，爰紀象環之佩。講筵具舉，何異稷門絲竹之堂；寢廟不衰，依然洙水松楸之地。乃勝蹟久留僻壤，而闡揚猶待熙朝。歲維乙酉，駕幸三江。紫蓋東來，轉龍艑於歇浦；翠華南指，移鳳艦於茸城。子衿拜手以陳詞，敢邀睿藻；羽衛停橈而清問，丕煥龍章。體勢莊嚴，垂露懸鍼之筆；規模宏整，編珠綴玉之文。扁列四言，璿題璀璨；聯成廿字，繡礎輝煌。識化育之均施，瞻依倍切；念蒸嘗之永守，睠顧偏隆。在韋布欲行之志，遇聖主而畢彰；舉東周莫殫之功，入本朝而大備。臣毓圻忝屬苗裔，尤深感激。惟茲臣庶，悉效歡呼。從此九峰增翠，遠連文檜以寵嵸；三泖流芳，長接智源之溢湧。豈止一隅之巨典，實為九有之鴻庥。臣毓圻世守東家，常瞻南服。芹香藻采，恍遊大雅之林；乾象坤儀，用誌盛時之事。爰徵博文之彥，修成傳信之書；仰頌皇仁，敷颺祖澤。惟是群黎百姓，如七十子之歸誠；侯甸要荒，等三千賢之秉教。讚誦無由，稱揚莫罄。編年紀月，訖聲教於南朔東西；頌德歌功，綿寶曆於百千萬億。謹序。孔子六十七代孫、太子少師、襲封衍聖公臣孫毓圻拜手稽首撰。」

　　吳存禮序曰：「古由拳慧日寺前，向有至聖孔子廟。考自隋大業，蘇州長史聖裔諱禎宦遊至吳，因有家廟，遂葬衣冠於此。宋淳熙間，寺僧濬渠得玉璧三環二簪，一藏之郡學。元至正間，里人章弼建書院，以集鄉俊之來學者，而孔宅之名以傳。我皇上御極之四十有四年，聖謨指授，兩河告成，乃復巡視江浙，允提臣所奏，幸臨雲間，士民瞻雲就日，鼓舞踴躍。仰觀德化者，何啻億萬萬計？得邀賜問，卿大夫暨諸生奏請稱旨，錫以龍章扁對，輝光赫焉。此誠我皇上尊崇至聖，表道統之所由傳也。粵稽堯舜禹湯文武，以聖人之德，居天子之位。道統之傳，常在於上。孔子有其德，無其位，修明絕學，垂教萬世，使堯舜禹湯文武之道至是益明。我皇上繼天立極，作君作師，存諸德行，見於文章，舉而措之天下之民，使薄海內外，咸沐聖人之化，是孔子集堯舜禹湯文武之成，而皇上由孔子以上接堯舜禹湯文武之傳，斯道之統集於聖躬，所謂聖聖同揆，先後一轍也。從來備聖人之德者，斯能崇聖人之道。皇上於甲子歲肇行巡狩之典，即幸孔林，瞻拜至聖，親灑宸翰，以志尊崇，而於雲間孔宅，因儒生之請，復為之鄭重表章。從古帝王之尊孔子，史冊所稱，未有若

斯志極也。夫以至聖之道，與天地而並立，亙古今而不晦一鄉一邑之中，孰不崇奉俎豆，尊尚《詩》、《書》？況衣冠環璧，呼吸神靈，數千百年不可掩，抑者而又得聖天子睿文藻翰以褒崇之。吳會臣庶，其敬而仰之，不尤有特至者乎？行見茸城下里豆籩維緝，絃誦日新，彬彬鬱鬱，儼然鄒魯之鄉。而臣奉命撫吳，得以拜稽其地，表聖天子崇儒重道之意，以宣諭四方。臣庶漸涵煦育，日久月長，臣且拜手以慶文教之極盛矣，因濡筆而敬敘之。巡撫江寧等處地方、都察院右副都御史臣吳存禮拜手稽首恭撰。」

林之濬序曰：「清溪之有孔宅舊矣。宋元以來，代有修舉，皆不過郡縣。有司與二三紳士致其尊崇，而規模尚多未備。康熙乙酉，駕幸雲間。翠華所經，得邀清問，遂有扁聯之錫，而世永蒸嘗。傳於天語，則聖蹟之所由以大著也。夫孔子以生民未有之聖，後人於其車轍所過、語言所屬，猶莫不勒之碑版，書之史冊，以為盛事，而況衣冠壞壁之所藏，神靈呼吸之所及，孰不望之而生敬。特是千餘年來典禮闕如，至我皇上而始大為之表章。此固由孔子以聖人傳道統於昔，皇上以聖人立治統而兼傳道統於今，心印相符，後先同揆，故有無意而適合者，毋亦天之留此盛事，以待於今日者乎？迨夫宸翰既頒，輝煌廟貌，於是若堂、若廡、若樓、若寢室、若圖像、若橋樑、若坊表之屬，無不修建，而廟中若祭器、若樂章、若講規、若廟田、若祀田，亦無不興設，儼然與孔林之在兖者南北相望，洵吳中一大勝蹟也。竊惟曩者皇上躬謁孔林，爰命辭臣纂有《幸魯盛典》一書，今雲間奏請，諸生又承公府之命，輯為志乘，使天下萬世知崇聖之典，至我皇上而已極，而東南士子由此登孔子之堂，恍然見孔子之車服禮器，皆必有爭自好修，以仰副聖天子振興文教之至意者。臣不敏，奉命督學茲土，實幸與有榮施，而亦可藉是以拜颺盛世休明之治焉。是為序。提督江南等處學政、左春坊左中允兼翰林院編修加一級臣林之濬謹撰。」

是志非特志一孔宅，亦志清代之青浦儒學也，有八目。卷一地圖，卷二至三規制，卷四書院，卷五古蹟，卷六祭式，卷七學規，卷八廟田、祀田。

是志卷二卷端葉「禛」不避諱，而卷五二十四葉「貞」字避諱。卷首有清雍正元年、二年呈批公文及雍正二年孫鋐《崇聖祠告廟文》等，當係雍正初年增刻。

此本有斷版，為後印本，且舊有修復。

《中國古籍總目》著錄，《上海方志資料考錄》、《上海方志提要》著錄。惟

《上海方志提要》著錄者為清道光三十一年（1831）方祖範重刊本，未及是版。

　　未見影印本。有李國強標點本，收入《上海鄉鎮舊志叢書》，上海社會科學院出版社，2005 年版。

　　除上海博物館圖書館外，中國國家圖書館、上海圖書館、南京圖書館、山東圖書館、蘇州圖書館、蘇州大學圖書館、日本國會圖書館等收藏。

二、青浦人物志

　　（一）清稿本青浦人物志不分卷　　802.71 / 114

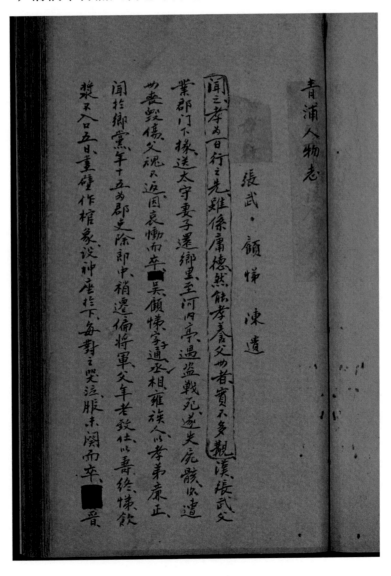

《青浦人物志》不分卷，清佚名編。清稿本。2冊。半葉8行，行字數不等。書高20.9釐米，寬11.9釐米。無序跋，無目錄。有朱筆圈點，墨筆校改，亦有數紙浮簽，為原稿之補遺。

是志收歷代青浦人物，始自漢代之張武，止於明末清初之釋洪歇，其下文殘缺。所收人物僅按時代編次，並無細目，體例雜糅，難稱嚴謹。人物傳記文字多與〔乾隆〕《青浦縣志》同，亦有據他書增補者，惜其來源均未注明。

未見著錄，亦未見影印本及整理本。

上海博物館圖書館收藏。

三、錄真如里人物纂入太倉州志者彙編

（一）清稿本錄真如里人物纂入太倉州志者彙編不分卷　807.2／166

《錄真如里人物纂入太倉州志者彙編》不分卷，清侯氏編。「據《〔民國〕真如志》序係彭浦侯奇章先人所著，參證以清《〔宣統〕彭浦里志》，當為侯鴻浩兄弟或侯錫恩輯於清同治、光緒間。」〔註1〕清同治、光緒間稿本。1冊。半葉8行，行字數不等。書高24.6釐米，寬13.1釐米。書衣題名「真如里人物彙編」。

明代以來，真如里人及流寓真如之高人逸士頗多，是編「就已刊州志而散見於嘉、寶兩邑者彙為一編，見前人之德行、名節亙古不朽，而繼往開來者宜感動而奮發焉」（本書《小序》語）。是編有儒林、忠節、治行、孝義、文學、節孝、隱逸、藝術、釋道、流寓十目，流寓一目又有補充。

此本有朱筆批校，末有1965年12月王德乾識。鈐「王德乾印」白文方印、「惕時」朱文方印、「王德乾章」朱文方印、「槐蔭書屋」。內封題「王德乾捐贈地方志及有關資料十二種之二」。

王德乾識曰：「余輯《真如志》時，邑《再續志》尚未成書。編纂侯君緯成名奇章屢過訪。侯君，錫恩先生裔孫，因問錫恩先生所著，云久佚，惟藏有此書。因慨然以贈。此書不著編者姓氏，豈錫恩先生集稿時遺墨歟？不可考矣。然我真如人文蔚起，可見一斑。保存文獻，責有攸歸，以贈上海市文物保管委員會公於世。公元一九六五年十二月，王德乾惕時識。」鈐「王德乾印」白文方印、「惕時」朱文方印。

〔註1〕金恩輝、胡述兆主編：《中國地方志總目提要》，第9-10頁。

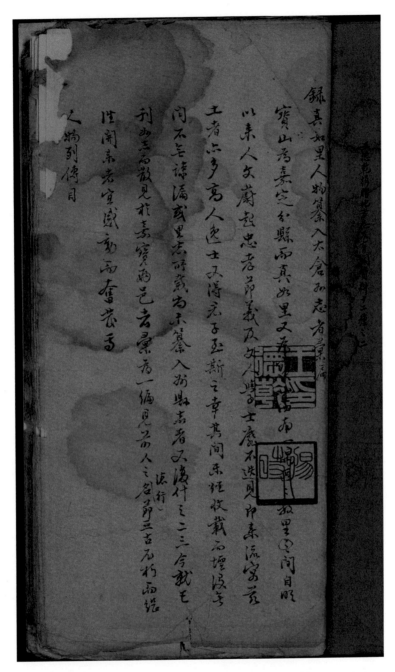

《中國地方志總目提要》著錄，《上海方志資料考錄》、《上海方志提要》
著錄。惟諸家所著錄題名為書衣題名而非卷端題名，當改正。

　　未見影印本及整理本。

　　上海博物館圖書館收藏。

四、華亭節孝錄

（一）民國鉛印本華亭節孝錄　807.2 / 312

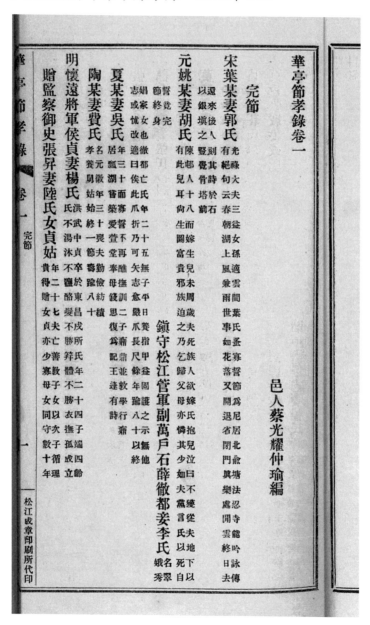

　　《華亭節孝錄》七卷，蔡光耀編。民國二十二年（1933）鉛印本。1 冊。半葉 12 行，行 36 字，小字雙行同。白口，四周雙邊，單魚尾。版心上記「華亭節孝錄」，中記卷次、卷名及頁碼，下記印廠「松江成章印刷所代印」。書高

27.4 釐米，高 13.5 釐米，框高 20.9 釐米，寬 11.8 釐米。原封面外又加一書衣，有民國二十四年（1935）二月封章烜題名。首有民國二十二年（1933）八月朱運新序、癸酉十月蔡光耀自序。末附本書校勘記一紙。

蔡光耀，字仲瑜，任松江紅十字分會理事長、松江縣商會主席等。

朱運新序曰：「君子之道莫大乎以節義為天下倡。吾松自陳黃門、夏考功以臨難大節，有聲於明季，一時風尚為之一變。即巾幗女子亦多感而化之。入國朝以來，其以節烈、節孝旌於朝、表於里者，綽楔之榮，相望於道，蓋風教於斯為盛已。蔡氏仲瑜，余妻弟也。其七世祖母笪太夫人亦以欽旌節孝入祀華亭節孝祠。比年以來，乏人整理祠位，凌亂失序，仲瑜與吾友封君庸庵為參考郡邑志，整理而彙編之，爰有《華亭節孝錄》之刻。雖然節孝之在今日，尚忍言哉？士大夫曾讀六經、孔孟之書，輒昌言廢節而群不逞之徒，從而和之，幾以婦女之守節為多事也者，殊不知人禽之所以別、中國夷狄之所以殊，胥視乎此？此而可廢，何不廢日月之在天？何不廢江河之行地？何不廢菽粟以廢食？何不廢布帛以廢衣？嗟乎，邪說橫行，至於此極，欲天下之無大亂，不可得也。仲瑜茲錄，獨為之於舉世不為之日，群疑眾訕，而有所不顧，其志可嘉，其心則彌苦矣。因為太息而書其端矣。癸酉秋八月，古婁朱運新拜序。」

蔡光雄自序曰：「邑有節孝，足覘風俗之懿嬿，倫紀之權輿。節孝祠者，兼寓教勸闡微之意，舉彼往者，昭示來茲，意至善，法至良也。華亭為縣，初固奄有七邑，壤地至元而析上、析青，迨清又析婁、析奉。節孝祠在城中米倉橋西，首建於雍正五年，其在析縣後乎？邑志所載節孝，宋元兩代僅寥寥數人，即有明亦不過百十餘人，以當日之疆域、當日之世運論之，其湮晦不章者，當不知凡幾矣。余值華祠，春秋致祭，以節裔詣祠行禮，仰瞻祠位高下雜置，欹側凌亂，心覺皇然不安，雖為主祠事者言之，然實無如何也。因承乏祠務，亟為釐清所存之位，別為編錄有木質殘損者、有字跡漫漶者、有一人重位者，持邑志校之，其已載者故多，未載者亦復迭見。有志已載而祠無位者，有字有歧異、名號不同者，有祠位事實無可採摘者，偶有所得，皆於各條下繫注詳之，蓋當日之邑志乘筆於祠事管理者，人各為政，而詳請題旌暨送位入祠者，又人各為政。舛錯之來，其原不一，要不外上述者。近是又考婁節孝祠，亦建於雍正五年，乃有婁人而列華志、祀華祠者，並有他邑人而亦列華志、祀華祠者，何哉？曰：或以學籍隸華，故或以屋舍居華故，或以母族屬

華，故有此三者，紛紛取便，就近入祠，於是以婁人祀華祠者數為獨多，於分縣設祠之本旨恐不符合。或者謂節孝之在天壤，固與忠臣義士同為人心敬慕之所存，而其詣之至也，昭格日星，震懾神鬼，正氣之所磅礴，放之可彌六合，卷之退藏於密。凡屬節孝，何獨不然？似不必以畛域限。要之一視同仁者，百世之典型，而分籍繫貫者，後人之法守，若使漫無範圍，則僅謂之節孝錄可也，又何必首冠以邑名耶？茲錄之輯也，以邑志為底本，以祠位為參考，剔其重複，辨其疑似，又或稽核郡志、旁邑志及鄉先正著述，以印證之。苟有事蹟，小注敘之，其無者仍之，其有位而邑志闕及他邑人而祀華祠者，各分別時代輯之。近時編輯華婁續志未成，其華亭節孝稿亦附著之。噫！事因祠位而思輯錄，因輯錄而兼及往前遺佚，後起待章之節孝，不過盡我心力之所至，未敢謂一無闕漏也。事既竟，謹弁數語，以代例言。太歲癸酉十月戊子朔，蔡光耀。」

是錄係據華亭、婁縣方志，並搜訪遺佚而成，有四門。卷一至四完節，卷五義烈，卷六貞孝，卷七他邑人而位列華祠者。卷一據邑志坊表；卷二據宋府志完節未旌類，參邑志卷十八、十九；卷三據邑志卷十八；卷四至六錄自華亭續志稿；卷七多據《婁縣續志》。

《中國古籍總目》著錄，惟未及是版，所著錄者係上海圖書館所藏鈔本；《上海方志資料考錄》著錄。

未見影印及整理本。

上海博物館圖書館等收藏。又有清鈔本，藏上海圖書館。

五、孔宅聖廟志

（一）稿本孔宅聖廟志二卷　807.3 / 18

《孔宅聖廟志》二卷，孫鴻熙編。1960 年稿本。2 冊。半葉 12 行，行 21 字。書高 28.6 釐米，寬 17.6 釐米。每冊首有分卷目錄。上冊首有 1960 年孫鴻熙自序。

孫鴻熙，青浦人，上海文史館館員。纂有《峰泖記》、《青溪瑣事》等。

孫鴻熙序曰：「孔子澤衍魯邦，裔分吳會。吾邑北郊有孔宅，漢時孔子二十二代孫少傅潛避地來家於此，孔宅之名由此始。至隋大業二年，三十四代孫蘇州長史禎奉孔子衣冠葬此。夫孔子生於春秋，至隋已有數千年之久，其後裔因宦遊而有宅、有墓而建祠，不過如家廟私祀而已，規模尚多未備也。

在唐宋元時，廟貌時常剝落，墓址亦在荊棘之中。至明萬曆己酉，雲間陸應暘有意修復而吾郡司理毛公、郡司馬尤公、邑侯韓公皆割俸助之，又得錢君大復自蓬萊令不遠千里捐貲，一時賢士大夫同襄盛事，於是鳩工庀材，擴充基地，宏整規模，不數月，全部告竣，並著《孔宅志》，長洲申時行序。清康熙二十年，陳功、諸嗣郢續修之，故名之曰《孔宅續志》，崑山葉方藹序。四十四年，聖祖南巡，道經孔宅，諸生孫鉉等迎鑾籲請表彰，得特賜御書扁聯，聖蹟之所由大著，以此也。孫鉉之《孔宅志》，衍聖公孫毓圻及翰林院編修林之濬序之。道光二十二年，邑侯命張起鯤增修祠墓，學使張公苻試竣謁墓捐廉，勉張起鯤蕆厥事，時所得捐僅數十之三，張君獨任其七。肇自二十四年甲辰，迄於乙巳之夏，工竣。張君請嘉定章寶蓮為文以記之，並有金垣等提議重輯志書，用補遺逸，而增美備，其名曰《重修孔宅志》，諸宏謐纂，江蘇督學使者毛式郇及張寶蓮序。以上諸志均刊行於世，至今皆失傳矣。考孔子衣冠墓，諸省郡縣之所無，而吾邑之所有，此我邑之大跡，可甲於天下矣。予故鄭重紀載，後無遺忘焉。爰題數言，以為之序。公元一千九百六十年春節，邑後學孫鴻熙謹編並識。時年七十有四。」下鈐「孫鴻熙印」朱文方印。

　　是志為孔宅及孔子生卒年之資料彙編。卷上有：申時行《孔宅志原序》、葉方藹《孔宅續志原序》、孫毓圻《孔宅志原序》、林之濬《孔宅志原序》、毛式郇《重修孔宅志原序》、章寶蓮《重修孔宅志原序》、孔宅圖、衣冠墓、聖殿、啟聖祠、啟聖廟、孔毓圻《孔宅衣冠墓碑記》、章寶蓮《重修孔宅衣冠墓記》、葉之奇《啟聖祠碑記》、陸應暘《孔宅聖廟修復記》、錢大復《修孔宅聖廟序》、董其昌《修復孔宅聖廟疏》、徐世貞《重修孔廟引》、陳子龍《重修孔廟引》、陳功《募修夫子廟疏》、錢龍錫《修孔宅聖廟記》、孫日隆《重修孔宅廟堂記》、方正范《重修孔宅廟堂記》、孔慶鎔《重修孔宅碑記》、佚名《重修孔宅御書樓》、俞樾《孔宅墨拓聖蹟圖記》、世系表、至聖先師孔子像、聖祖仁皇帝上諭、御書扁聯、聖祖仁皇帝御書孔子贊並序、復聖顏子像、宗聖曾子像、述聖子思子像、亞聖孟子像、御製四子贊、高宗純皇帝御製四賢贊並序、崇聖祠考；卷下有：追封五王、正壇陳設圖、四配陳設圖、東西兩廡陳設圖、文昌閣土地祠等陳設圖、祭祀約言、齋戒、演樂、演禮、迎牲、省牲、釋奠儀節、事宜、儀注、祭品（附製法）、孫鉉《崇聖祠告廟文》、大成殿告廟文、大成殿上扁文、附祀朱子告廟祝文、先賢朱升附祝文、大成殿祝文、啟聖祠祝文、孔公祝文、歷代名宦諸公祝文、歷代鄉先生祝文、三星閣祝文、土地祠祝

文、釋奠樂章、劉因《孔宅墓廟釋菜文》、王夢求《告啟聖公文》、章弼《孔宅書院釋菜文》、鮑學沛《募造祭器招演樂舞文》、張廷樞《御書扁對告廟祝文》、孫鋐《恭請表彰預期告廟文》、章弼《孔宅古柏賦》、蔡廷秀《孔廟檀樹賦並序》、章弼《謁宣聖衣冠墓七律一首》、陸應暘《孔廟落成七律一首》、汪巽東《至聖衣冠墓七律二首》、孔毓書《御賜扁對七律二首》、陳堂謀《重修文廟賦》、王原《孔宅御書樓紀恩亭碑頌並記》、陳濟賢《孔宅逸事記》、戴良《橫溪義塾記》、沈霞《孔宅考》、賈式金《孔宅考》、王鳴盛《孔子生卒年月日考》、錢大昕《孔子生年月日考》、諸宏謐《孔子生卒年月日時考》、王鳴盛《衍聖公之名所自始》。

　　未見著錄，亦未見影印本及整理本。

　　上海博物館圖書館收藏。

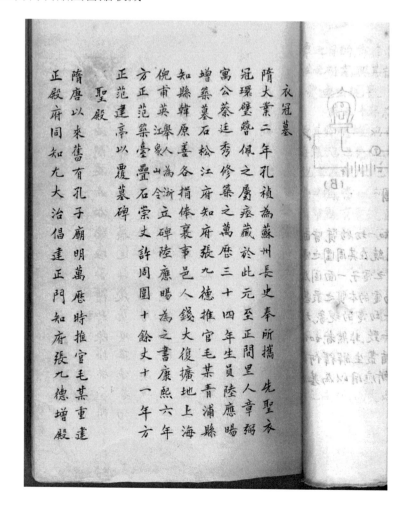

第二節　雜志

　　上海博物館圖書館藏雜志七種，其中《歇浦雜記》為孤本，《雲間據目鈔》、《雲間雜識》、《游滬筆記》均稀見之本；而《上海繁昌記》係據和刻本石印，亦自有價值。

　　《瀛壖雜志》和《上海小志》皆係雜志，而非區域志。或將二者列為上海市地方志〔註2〕，不確。

一、雲間雜識

（一）明末鈔本雲間雜識四卷　　806.42／35

　　《雲間雜識》四卷，明李紹文撰。明末鈔本。1冊。半葉10行，行24字。書高27.1釐米，寬17.5釐米。首有王圻序、凡例、助梓公啟（附）。

　　李紹文，字節之、元薦，華亭人。生活在明萬曆、天啟時期。撰《雲間人物志》、《明世說新語》、《藝林累百》等。

　　王圻序曰：「……（上缺）賢者且以著述貽譏，況□□□□□友李節之先生，稟超世之殊資，承臬憲之家學，雖業擅膠庠，而志凌霄漢，嘗自謂廩食有年，場屋屢困，胡由自效明時，必如程明道所云，補葺遺書，庶幾有補。乃即譚經講藝之暇，蒐集舊聞，網羅放逸，幽探僻構，晝夜編摩，孜孜罔敢暇豫，始著《明世說》，有司為梓行於世。已又纂《雲間人物志》，以備太史氏之潤色。已又念九峰為境內形勝所繫，詎可令湮沒無傳？輒遍考騷人韻士所標詠，著《九峰志》。將授梨棗，而《雲間雜識》復又脫稿，余請得而讀之，則大之而彝常節義，細之而跂喙肖翹，明之而霏談玉屑，幽之而夢兆禨祥，凡一言一動有關世教者，靡不探貝摘瓊，美刺並載。美者足感動群情，刺者足警懲澆俗，其所裨益不啻儉歲之菽粟而寒年之絲纊也。倘稽古右文之士來臨郡邑，有意纂修志乘，則不待冥搜弋取，而是編所載，足備採擇，秉筆者不苦於文獻之無徵矣。若杜撰之荒唐失據，艾語之僅供清譴，何可同日而語哉？余故醵金付之剞劂氏，更為敘諸簡首，使知先生之意，蓋為方來筆削謀，非徒欲與倚相爭工、茂先競博也。賜進士、朝列大夫、陝西布政使司右參議、前侍經筵、雲南道監察御史、奉敕提督湖廣學政雲間王圻撰。」

　　是雜識「專記松江一郡百年來瑣事異聞之有關世道者，隨得隨去，即事

〔註2〕上海通志編纂委員會編：《上海通志》第10冊，第6881頁。

之前後，亦所不論」〔註3〕。

此本有朱筆圈點和朱、墨筆批校，首有殘缺，舊有修復；末頁亦殘，舊有補鈔並修復。鈐「黃裳藏本」白文方印、「木雁齋」朱文方印、「草草亭藏」朱文長方印。

王圻序後有黃裳題記曰：「徐賈紹樵告，將往雲間收書，數日未見矣。今日午刻小飲，復過其肆，袖出舊書一冊見示，即此是也。書是舊鈔四卷，刊本無傳。余前年曾買竹紙藍格明鈔一本於吳下，前後亦失去如干頁，卷前有後人題『雲間人物雜記不分卷』，板心有『澹齋』二字，後已易去矣。即此書也。叢書中雲收此本而刪落，僅存二卷，是除原刻本外，此為最備舊本矣。卷中頗有朱批，係乾隆中人筆也。攜書歸來，煮茗記此。甲午五月初十日，黃裳記。」下鈐「黃裳小雁」朱文方印。

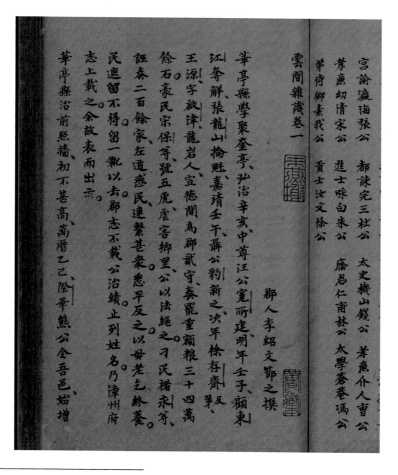

〔註 3〕周中孚：《鄭堂讀書記》，北京：商務印書館，1958 年，第 1294 頁。

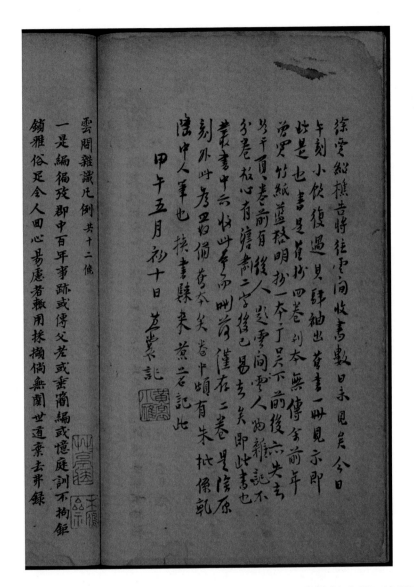

　　末有黃裳朱筆題記曰：「甲午六月十八日裝畢，此葉補鈔亦舊。諦視原本，字體樸茂，明末人所書也。鈔本書別具雅趣，惜知此意者日少，可為歎息。黃裳記。」

　　《中國古籍總目》著錄，惟未著錄此版；《上海方志資料考錄》、《上海方志提要》著錄。

　　未見影印本。是書有上海市松江縣地方史志編纂委員會點校本，列入《松江文獻系列叢書‧史料專輯》，上海市松江縣地方史志編纂委員會辦公室1997年內部印行。

上海博物館圖書館收藏。另有明萬曆刻本，藏中國國家圖書館、上海圖書館；清鈔本，藏中國國家圖書館。各鈔本內容均有不同處。又有民國二十五年（1936）上海瑞華書局鉛印本，首為黃文琛序、黃蘊深序，首末皆缺，內容與王圻序不同。

二、雲間據目鈔

（一）明末鈔本雲間據目鈔五卷　　807.2／368

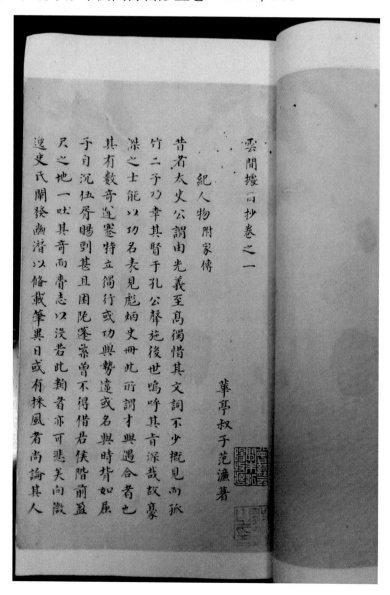

　　《雲間據目鈔》五卷，明范濂著。明末鈔本。2冊。半葉10行，行22字，小字雙行同。書高28.3釐米，寬18.3釐米，原高24.6釐米。首有王稚登《范叔子傳》、《家傳》。無序跋。

　　范濂（1540～？），字叔子，號空明字，華亭曹涇人，善古文辭。

　　是鈔成書約在明萬曆二十一年（1593），反映當時松江府風土人情、遺聞掌故卷一紀人物（附家傳），卷二紀祥異，卷三紀土木，卷四紀賦役，卷五紀風俗。

　　周中孚《鄭堂讀書記補逸》卷十八云：「萬曆癸酉，知府李思弦多見將重修志書，延叔子預其事。思弦以吏議去，事遂寢。叔子因據所睹記，輯成是編，以備修志者採擇。凡分人物、祥異、土木、賦役、風俗五紀，紀各一卷。其人物傳有論贊者多，蓋其所長也。嘉慶間新修郡志，間採用焉。前有萬曆癸巳高進孝、張重華二序，又載王稚登所撰叔子傳及其家傳。」〔註4〕周氏所見本與此本卷目次序相同而多高進孝序、張重華序，別本卷次亦有與此本不同者。

　　金鑲玉裝。

　　此本內有墨筆圈點。鈐「雲間朱孔陽雲裳父鑒藏」朱文長方印、「曾經雲間朱孔陽收藏」白文方印、「郁□之印」朱文方印。

　　《中國古籍總目》著錄，惟皆未著錄是版；《上海方志資料考錄》、《上海方志提要》著錄。

　　未見影印本。有王健民、徐樹恩點校本，列入《松江文獻系列叢書‧史料專輯》，上海市松江縣地方史志編纂委員會辦公室1997年內部印行。

　　上海博物館圖書館收藏。又有清范聯枝一寒齋刻本，藏中國國家圖書館；清鈔本，藏復旦大學圖書館；又有鈔本，藏日本靜嘉堂文庫，為守山閣舊藏本。又有民國時期上海進步書局鉛印《筆記小說大觀》本、民國時期奉賢褚氏鉛印《褚氏所刻書》本。

三、歇浦雜記

（一）清道光稿本歇浦雜記不分卷　　802.523／33

　　《歇浦雜記》不分卷，清佚名撰。清道光稿本。2冊。半葉8行，行16字，小字雙行同。書高26.9釐米，寬14.5釐米，原書高21.2釐米。無序跋。

―――――――――――

〔註4〕周中孚：《鄭堂讀書記補逸》，第470頁。

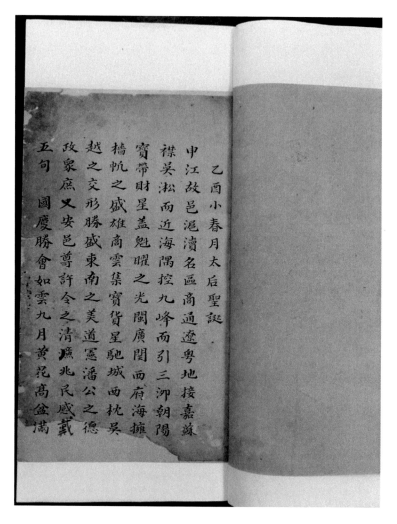

是記所收錄之文章，不拘體裁，可反映晚清時期滬上社會情狀，亦略具史料價值。有《乙酉小春月太后聖誕》、《南濠風俗序》、《懼內賦》、《顧聰訓懼內賦》、《會親小引》、《新婚賦》、《破窰賦》、《小試賦》、《逾牆相從》、《冥中八景》、《軒渠子雜詠》、《七筆勾》、《碩鼠賦》、《戒吃鴉片煙制藝》、《上海曲場賦》、《道光十八年地震信》、《道光十三年冬江蘇巡撫林則徐片奏》、《題江南提督軍門賜諡忠愍蓮峰陳公像》、《楊椒山公朝審途中口吟詩》諸篇。

金鑲玉裝。

此本內有墨筆圈點、校改，原封面有「識字耕田夫」白文方印。

未見著錄，未見影印本及整理本。

上海博物館圖書館收藏。

四、瀛壖雜志

（一）清光緒刻本瀛壖雜志　807.2 / 500

《瀛壖雜志》六卷，王韜撰。清光緒元年（1875）廣州刻本。2 冊。半葉12 行，行 23 字，小字雙行同。白口，左右雙邊，單魚尾。版心上鐫「瀛壖雜志」，中鐫卷次，下鐫頁碼。書高 27.1 釐米，寬 15.5 釐米；框高 18.2 釐米，寬 13.7 釐米。首有清咸豐三年（1853）蔣敦復《序》、清同治十三年（1874）八月黃懷珍《序》、同治十三年（1874）十二月林慶銓《弁語》、咸豐十一年（1861）正月左桂讀《題辭》，末有光緒元年七月鄒五雲跋。

王韜（1828～1897），字紫詮、蘭卿、仲弢，號淞北逸民、天南遁叟等，江蘇長洲人。晚年居上海，任《申報》主筆，又任格致書院山長。著述宏富，有《春秋經學》、《淞濱瑣話》、《淞隱漫錄》、《普法戰紀》、《火器略說》、《蘅華館詩錄》等，又有未刊稿《皇清經解校勘記》、《周易集釋》、《毛詩集釋》、《弢園未刻詩稿》等。

蔣敦復序曰：「今天下省府廳州縣，咸有志，此官書也。又有一家言，入於說部，猶之正史之外有稗乘云爾。其書冠以地，如《荊楚歲時記》、《益部耆舊》、《洛陽伽藍》諸記傳是已，要於人物利病、習尚醇漓詳繹之，不無少裨益。吾友王仲弢，蘇產而僑於松之上海，居久之，乃著一書曰《瀛壖雜志》，既成，以示蔣子。蔣子讀未終卷，矍然起曰：『仲弢思深哉！』古有志之士，雖蕉萃抑鬱，其胸中固已包並，靈匯涕笑，萬感弗局於承睫間也。上海夙稱壯縣，自開海禁，估舶直達，地益饒庶。西人從數萬里外通商而至，築室以居，官斯土者輒豢肥鶴飛去，然殊州群閧獷犴〔犬票〕疾都市女閭揖盜誨淫，木生蠹石，承霤盛衰倚伏之理，有識者早憂之。憂之無如何，則作一書以示後，庶少裨乎，此仲弢之志也。仲弢年甚富，媢學弗倦，充其養，精其識，其鄉人顧亭林貞士《郡國利病》一書，可坐言起行也。區區瀛壖云乎哉？咸豐三年歲在癸丑律中林鍾之月，寶山蔣敦復。」

黃懷珍序曰：「曩讀顧亭林所著書，愛其揚搉古今，羽翼經傳，輒為心折，恨不同時，乃今得之王紫詮先生爾。乃東吳月旦，首屈橫雲；西洛風流，神傾如海。講求在真，經濟憂樂先關；提倡在古，文辭閎深是尚。空疏陋習，誰復恣其雌黃；帖括末流，不敢驕其青紫。況以人中傑為海外遊，亙標大觀遙拓。疆域壯遠，藉擴襟期；波濤混茫，用開眼界。太史公行遊，而後筆墨彌雄；楊升菴閱歷，所經箸述日富。加之金戈鐵甲，四野當兵燹之餘；露布雲旂，十載搆烽煙之變，宜乎傑傑哀時之論，踸踔風雷；煌煌考道之篇，昭彰日月。劉蕡下第，新進為之汗顏；杜牧談兵，名公服其說項。先生獨杜門卻聘，閉戶箸書。洋洋千言，牢籠萬態。所刻《弢園文集》、《普法戰紀》，凡夫天文輿地、國計民生、盛衰治忽之機，成敗利鈍之故，莫不洞如犀照，緯以鴻詞。擷班馬之菁華，融劉鄭之津液。譬猶青萍結綠，望氣識其寶光；濫脅號鍾，知音賓其勁響。繼組作者，掉鞅文壇，夫何間焉？邇者出其《瀛壖雜志》見示，上探原委，旁逮見聞，萃一方闤闠之全，作百年人物之志。其中於奸民蹂躪，外國居停，備極周詳。間參嘔噱，以視宗懍《荊楚》、常璩《華

陽》，匪特頡頏於古人，尤資考據於來哲，展卷靜對，不啻臥遊，固宜紙貴。一時書成，萬本浣薇，敬誦捈藻場芬，群皆比以孫樵。僕自慚夫元晏終年，蟲簡難尋，珠海之源，永日螢編，未覺文瀾之岸，浮沉於揮毫弄翰，思為陸賈鈔書景仰於北斗、泰山，願效君苗焚硯。猥承大匠不棄小巫，龍許蛇依，鴻求雀應，領立說箸書之意，識撫時感事之心。忠孝一生，文章千古、計謝公之出，當在中年；序洪氏之文，敢辭不佞。或者他時子部，名因繡梓而傳；難忘此日朋交，請溯識荊所自。時則鄒夢南觀察具知人鑒，嚶求友聲，俾僕得識天下才，慰胸中願，知有與《郡國利病書》後先輝映者，不使亭林專美於前也。時同治十三年甲戌仲秋下澣，嶺南順德黃懷珍百拜謹序，具於羊城望古軒。」

　　林慶銓弁語曰：「自古聖地名區，每因文人學士足跡所經，詠歌之，紀載之，其地其人其事為之並傳。吳郡王紫詮廣文博聞廣識，箸書等身。茲以所撰《瀛壖雜志》六卷屬為弁語。讀其書，有張饒陽《朝野僉載》之詳，而無東方曼倩《十洲記》之誕。凡山川之秀麗，文物之薈萃，寓公之往來，風俗之好尚，一一詳記，瞭如指掌。滬瀆為天下闤闠之區，邇來奢侈日甚。此書箸錄，可補志書所未載，是可傳也。前讀廣文《弢園文錄》，則《中興五論》之流亞也；讀《普法戰紀》，則泊臺餘墨之勁敵也；讀《甕牖餘談》，則《綏寇紀略》之餘緒也。世途險巇，浮華相尚，塵海滾滾，才人陸沉，識廣文者，當舉之於魚鹽版築間也。甲戌臘月上澣，侯官林慶銓拜識。」

　　鄒五雲跋曰：「史家中之體制，以志為難；邑乘外之簡編，可傳絕少。齒牙徒襲，則敷衍惜其紛繁；耳目未周，則紀載嫌其脫略。詳方輿而遺人物，既愧淹通；考士女而缺山川，亦譏固陋。專收著述，摛撦者累牘連篇；務逞詼諧，猥瑣者矜華鬥靡。故知徵文考獻，成一家言，問俗觀風，作千秋業，非易事也。吾師王紫詮先生品高山斗，學究天人。誦曼倩二十萬言，知夷吾七十二代。孫可之史才自命，李德林偉器交推，使得桂月分香。木天翔步，白藥之成晉史；秀發鴻文，子京之修唐書。光燃龍燭，又何至青氈坐困，黃卷虛鑽。慨下第於劉蕡，悵不逢於羅隱。英雄未老，即事著書；慷慨遠行，衹復橐筆。即不然遊窮朔漠，閱徧烽煙，眾共推羊，人思薦禰。墨磨盾鼻，亦收出塞之勳；矢縱弓腰，詎僅藏山之業。顧乃作客九州，寓公十載。才如王猛，不事符堅；志擬魯連，獨尊周室。出其餘緒，作為文章。寄意於醇酒美人，託跡於稗官野史。在滬日，撰《瀛壖雜志》八卷，條分縷析，殫見洽聞。纂組九流，

笙簧六籍。蓋名流小住，深有意於風俗人心；賢者既行，尚難忘乎名區勝地
也。滬自金陵兵燹，粵嶠戈鋋。蹂躪迭經，昌豐無恙。每當春秋佳日，風月良
宵。蘭舟之錦繡漫天，梨園之笙歌币地。樓臺燈火，譯謔寄象之居；院落綺
羅，金碧丹青之境。先生詳為鋪敘，廣與搜羅。古意今情，都歸紀載；街談巷
議，併入縹緗。凡一方中創造所存，百年來考證所在，罔不備陳端末，隱寓維
持，殆所謂主文譎諫之流，切杜漸防微之意者歟？是故華陽九國，不足喻其
精也；豫章三郡，不足擬其核也。況復石邦政之志豐潤，未免冗無；馬文煒之
志安丘，尤多泛濫。偉茲作者，突過前人。願從手盥薔薇，讀將萬遍；早信鈔
諸楮葉，貴比三都。衹此豹斑，已足振聾發聵；若論鴻藻，請探五俎經腴。謹
溯薪傳，用綴簡末。光緒紀元孟秋之月雙星渡河夕，受業番禺鄒五雲拜跋。」
其中末頁缺。

是志為王韜客居滬上，就所見聞者積累，歷多年編輯而成，是「縮本上
海志」，「於滬上風景俗尚、古蹟時事，約而能該，婉而多諷」（《瀛壖雜志題
辭》）。是志不分門目，「按內容為疆域沿革、界至、城池、形勝、水道、物產、
民情風俗；田賦、漕運、海運、倉廩、海關、善堂、學校、祠祀、寺觀、名蹟；
製造局、兵事、人物；藝術、才女、節婦、祥異、遺事；文人、藝文；近事雜
記等」〔註5〕。

《中國地方志總目提要》著錄，《中國古籍總目》著錄，《上海方志提要》
著錄。

有《中華文史叢書》第 12 輯影印本，華文書局 1969 年出版；又有《近
代中國史料叢刊》第 39 輯影印本，文海出版社，1988 年出版。有沈恒春、楊
其民標點本，收入「上海灘與上海人叢書」，上海古籍出版社，1989 年出版；
有貢安南注釋本，中國文聯出版社，2014 年版。

除上海博物館圖書館外，中國國家圖書館、首都圖書館、上海圖書館、
天津圖書館、南京圖書館、浙江圖書館、福建圖書館、湖南圖書館、吉林省圖
書館、黑龍江省圖書館、廣西壯族自治區圖書館、內蒙古自治區圖書館、杭
州圖書館、臨海市圖書館、慕湘藏書館、復旦大學圖書館、天津師範大學圖
書館、湖南省社會科學院圖書館、寧波天一閣博物院、日本國會圖書館、靜
嘉堂文庫、東洋文庫、大阪府立中之島圖書館、神戶市立中央圖書館、新發
田市立圖書館、東京大學圖書館、東京大學東洋文化研究所、京都大學人文

〔註 5〕金恩輝、胡述兆主編：《中國地方志總目提要》，第 9-9 頁。

科學研究所、奈良大學圖書館、東北大學圖書館、大阪大學圖書館、高知大學圖書館、關西大學圖書館、一橋大學圖書館、新潟大學圖書館、韓國奎章閣、成均館大學哈佛大學哈佛燕京圖書館、耶魯大學圖書館、哥倫比亞大學圖書館圖書館等多家公藏機構收藏。是志有稿本，藏中國國家圖書館、美國柏克萊加州大學圖書館；又有桐西書屋綠格鈔本，藏清華大學圖書館；又有清光緒十七年（1891）補編二十年（1894）再補編二十三年（1897）上海著易堂鉛印本、民國時期進步書局石印《筆記小說大觀》本。

五、游滬筆記

（一）清光緒刻本游滬筆記　806.2 / 243

《游滬筆記》四卷，清鄒弢撰。清光緒十四年（1888）詠哦齋刻本。4冊。半葉 9 行，行 20 字，小字雙行同。細黑口，左右雙邊，單魚尾。版心中鐫書名、卷次及頁碼。書高 17.4 釐米，寬 10.5 釐米，框高 12.8 釐米，9.3 釐米。黑口，單魚尾。魚尾下鐫「游滬筆記」及卷次，再下鐫頁碼。內封有牌記「光緒十四年壯月詠哦齋刊印」。首有楊青序、王薇閣題詞，各卷前有分卷目錄。

鄒弢（1850～1931），字翰飛，號酒丐、瘦鶴詞人、瀟湘館侍者等，江蘇金匱人。曾任《蘇報》主編，晚年任教於上海啟明女學。撰《詩學速成指南》、《三借廬叢稿》、《三借廬筆談》、《澆愁集》、《斷腸碑》等。

楊青序曰：「《滬游筆記》何為而作乎？蓋以記滬上之風土人情、繁華景象焉耳。顧游滬者不知幾何人，游於滬而擅文筆者，亦殊不乏人。即鄙人亦遊滬之一耳。然能記其風土人情、繁華景象，則不數數觀，豈皆懶於握管，而瘦鶴詞人獨津津樂道，筆而記之，果何為乎？或則逞其才華思欲，與古人頡頏，抑或胸懷鬱勃，乃作此遊戲枝倆，皆不可知也。夫滬上僅彈丸地耳，自中外互市以來，風氣日開，奢靡亦日甚，倘無一人，焉為之掇錄？亦殊缺典。然則瘦鶴詞人，其殆有心人耶？披茲一編，舉凡所謂蜃氣樓臺，登場傀儡，城能不夜，鍋可銷金者，皆於是乎在。即使乍遊此地，目迷五色者，亦可按籍而求，按圖而索，是則此書之成，自可不脛而走，不翅而飛乎？惟是鄙人以久遊滬上之一人，得睹此千奇百怪，亦幾幾目迷五色矣。是為記。菊傭識。」

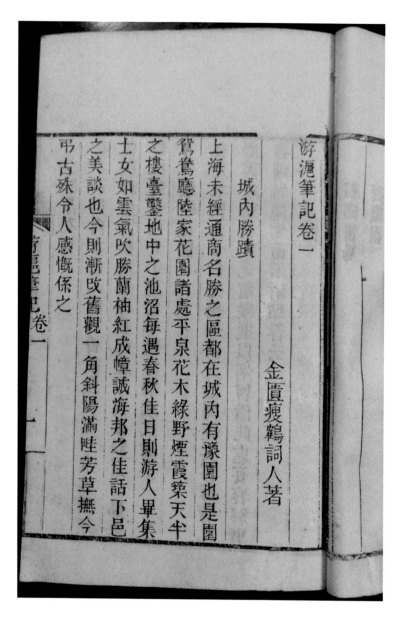

上海開埠以後，人員往來頻繁。是記若旅遊指南，記述光緒初年上海古蹟名勝與風土人情。「卷一，記古蹟、名勝、各種建築物等；卷二，記滬上詩詞書畫鐵筆名家及輪、電交通商業會館等；卷三、四，記社會生活、風俗習慣等。」〔註6〕卷一有英租界圖（待刊）、法租界圖（待刊）、美租界圖（待刊）、各國旗式（待刊）、城內勝蹟、陸家花園、張家花園、也是園、露香園、豫園、

〔註 6〕上海師範大學圖書館編：《上海方志資料考錄》，第 496 頁。

點春堂、穗秀堂、九曲橋、內園、老天主堂、小天竺、九畝地、清源書院、關帝廟、學宮、青蓮庵、一粟庵、施相公廟、黃婆庵、茅山殿、牛痘局、善堂、境內勝蹟、滬瀆壘、靜安寺、綠雲洞、講經臺、蝦子譚、湧泉、三官堂、雷祖殿、司徒廟、社稷壇、味蓴園、龍華寺、製造局、火藥局、廣方言館、格致書院、徐家匯、土山灣、博物樓、天文臺、聖母院、佘山、百步橋、申園、大橋、未園、春申祠、江海關、工部局、巡捕房、寧波會館、招商局、管可壽齋、戲鴻堂、外國墳山、楊柳樓臺、玻璃花園、公家花園、同仁醫院、仁濟醫館、婦嬰醫院、石印書局、西戲園、申報館、滬報館、西園、陸德敷、小洋水龍；卷二有海上詩詞書畫鐵筆名家、申江潮汐、中外商貨完稅章程、輪船沿海路程、輪船長江路程、輪船碼頭、電報價目、中國通商各口、五洲列國名略、中外立約諸國京城名、滬北各絲棧、北市匯劃錢莊、南市匯劃錢莊、滬南各碼頭、滬北各碼頭、往來長江天津寧波溫州福州輪船價目、滬上各局各行輪船名號、本埠各省會館、本埠各省公所、滬上各客棧、昆京徽各戲園伶人姓名；卷三有影戲、白螞蟻、女薦頭、野雞、挑水夫、籬擄、掉包、呂宋煙（西名昔茄）、雕翎扇、書畫燈、百靈臺、煤氣燈、火油燈、千人震、百蟲掛屏、藤器、自來風扇、城中食水、荷蘭水檸檬水、水蜜桃、羊城瓜果、外國藥材、花鼓戲、打彈子、神誕日、各酒館著名食品、西曆、房捐、煙館、茶館、野雞馬車、行中馬車、東洋車、小車、會審公堂、法華牡丹、龍華桃花、租界禁例、德律風、賽花會、水龍會、西樂、藥房、西國酒店、戒煙局、戒酒會、名妓、套圈、禮拜、保險、外國戲術、東洋戲法、焰火、長人矮人、白鴿發財票、篛扇、照相、油畫、時妝、提金爐、電報、搭輪船、壯師、巡捕、包探（俗名包打聽）、康白度、細息、露天通事、流氓、折梢黨豆腐黨、放白鴿、姘頭搭腳、臺基、上海交界里數、租界、馬路、陰溝、才人月旦、盂蘭盆會、外國花卉、著名酒館、廣東夜飯、紀事珠、德元館、飯館、徽館、跑紙、灑水車、垃圾車、號頭、午正炮、火警鐘、洋水龍、腳踏車、翦絡白撞、轎行、舢板船、外國秤尺、各貨聚市、公估局、泄劃錢莊、豆規平色、插息貼新貼現、拍賣、捐客、洋廣貨；卷四有東洋茶館、跑船、風琴、牌九司務、小押店、吃講茶、三節會、用戲、馬戲、琴會、蜑妓、滬上方言、前館、鴛鴦廳、蟋蟀會、壓鬢花、女流氓、燈戲、團操、玻璃廠、開礦局、總會、英文館、例禁補錄、廣肇山莊、別琴竹枝詞、冶遊自悔文、洋場續詠四首（火船、火車、電報、電燈）、洋場本事詩四首（彈詞、賽馬、自來火、更上一層樓）、送窮神、新樂府四首（電線、氣

球、自來火、電氣燈）、申江雜詠六十首、申江曲（三十首）。

《上海方志資料考錄》、《上海方志提要》著錄。《中國古籍總目》未著錄。

未見影印本，亦未見整理本。

除上海博物館圖書館外，首都圖書館、復旦大學圖書館、北京師範大學圖書館、蘇州大學圖書館、暨南大學圖書館等收藏。

六、上海繁昌記

（一）清光緒石印本上海繁昌記　806.2 / 242

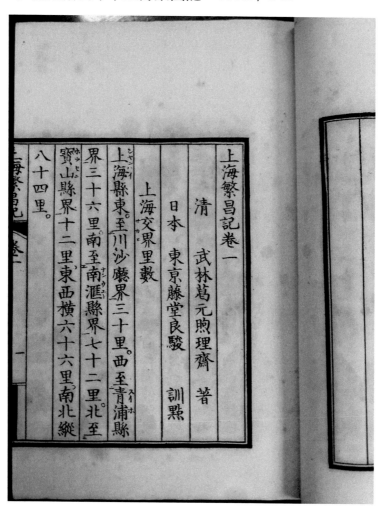

《上海繁昌記》三卷附錄一卷，清葛元煦著，日本藤堂良駿訓點。清光緒十二年（1886）據日本明治十一年（1878）和刻本石印。1函3冊。半葉8

行，行 17 字，小字雙行同。下黑口，四周雙邊，單魚尾。版心上記「上海繁昌記」，中記卷次，下記頁碼。書高 20.1 釐米，寬 13.3 釐米，框高 12.9 釐米，寬 9.5 釐米。首有老山安養插繪、「遊目騁懷」題記、日本明治十一年（1878）嚴谷修《序》、凡例、清光緒二年（1876）十一月袁祖志《〈滬游雜記〉識》、光緒二年葛元煦《〈滬遊雜記〉識》、《弁言》。各卷前均有分卷目錄。末有日本明治十一年藤堂民駿《後序》。

葛元煦，字理齋，浙江仁和人。著有《青玉山房摹古譜》四冊。藤堂良駿，號蘇亭齋主人。

嚴谷修序曰：「海禁開矣，世之以戀遷化居為業者，不之英，則之米、之佛。獨澳蘭魯，唯意所向，而詳其里程，知風土物產，則有《西洋事情》、《輿地志略》等書，雖目無一洋字，得藉以從事也。清國距我一衣帶水耳，商賈之航於彼者，舳艫相接，而切近簡便，足以資益焉之書，則察之乎無聞。蓋經史子集，非不備焉；府縣志，非不精且該焉。然其或詳於古略於今，明於內瞹於外，獨《上海繁昌記》，文雖俚俗，自夫地位戶口、出入貨目、海關稅額，以至舟船碇泊所由、銀行客館所在，臚列不遺。今夫金銀珠玉至寶也，食之餓者，而藜藿之不若；衣之寒者，而藍縷之不若。宜乎三栗居士，翻刻此書以資商賈也。且戀遷化居非易事也，緩則失之拘束，銳則失之輕舉，而直往猛進，欲一蹴以駕歐米諸洲而上焉，不若近驗之清國，而積累擴充之為逾，則此書之益於世人也大矣。居士嘗參判神奈川縣海外貿易事務，蓋其所熟悉云。明治戊寅菊有黃華之月。一六居士修撰，松陽散人共書。」

袁祖志識曰：「嘗考上海邑志，載本邑於前明分自華亭，蓋瀕海一小縣耳，我朝因之。自太倉之瀏河口淤淺後，海舶改由吳淞出入，於是漸臻繁盛。迨道光季年，五口通商，中外互市，遂成巨觀。近則輪舶愈多，外海長江，四通八達，人物之至止者，中國則十有八省，外洋則廿有四國，猗歟盛哉！自生民以來，未有若是之美備者也。向稱天下繁華，有四大鎮，曰朱仙，曰佛山，曰漢口，曰景德。自香港興，而四鎮遜焉。自上海興，而香港又遜焉。予履茲土，廿有餘載，目見耳聞，日新月盛，思仿《日下舊聞》、《都門紀略》體例，編輯成書，俾士商之來遊者有所稽考，不致心迷目眩。苦於塵勞鮮暇，未得如願。吾友同里葛君理齋，寓滬有年，時相過從，茶餘飯罷，歸輒編記若干則，日復一日，積久成帙，分為四卷，頗便繙閱，美矣備矣，蔑以加矣。謂為滬遊指南之針，亦何不可？因慫恿付梓，並未序其緣起云。光緒二年丙子冬

十一月，錢塘袁祖志翔甫氏識。」

葛元煦識曰：「余遊上海，十五年矣。寓廬屬在洋場，耳目所及，見聞遂夥，因思此邦自互市以來，繁華景象，日盛一日。停車者踵相接，入市者目幾眩，駸駸乎駕粵東、漢口諸名鎮而上之。來遊之人，中朝則十有八省，外洋則二十有四國，各懷入國問俗、入境問禁之心，而言語或有不通，嗜好或有各異，往往悶損，以目迷足裹為憾。旅居無事，爰仿《都門紀略》輯成一書，不憚繁瑣，詳細備陳，俾四方文人學士、達商巨賈，身歷是邦，手一編而翻閱之，欲有所之者，庶不至迷於所往。即偶然莫辨者，亦不必詢之途人，似亦方便之一端。若謂可作遊滬者之指南針也，則吾豈敢？光緒二年冬至日，仁和葛元煦識。」

藤堂良駿後序曰：「友人三栗居士近獲清人葛理齋所著《滬遊雜記》，將播之於世，更題簽曰《上海繁昌記》，從易解也。駿接手而披閱之，民物之盛、風土之異，歷歷於几案上，使人有躬踐目擊之想，蓋上海之為地，舟舶所麇至，百貨所輻湊，宜其繁華景象，韜軼四鎮也。若有風俗政治，則可慨歎者居多。理齋此書不特供臥遊之樂，亦足以資勸誡焉，是宜以播於世也。因愍恩翻刻，為施訓點為還之。嗚呼，居士此舉，抑亦將有益於世教也夫？明治戊寅夏月，蘇亭主人駿識。」

1871年，《中日修好條規》、《中日通商章程》簽訂，兩國商貿往來頻繁，上海成為重要通商口岸之一，故為日本商人介紹上海風土人情的著作大量產生。是記是在《滬遊雜記》四卷基礎上修訂、刪節而成，將其三、四兩卷合為一卷，卷首租界地圖亦有所刪減。《滬遊雜記》卷三有詩詞曲賦一百餘篇，本書存三十六篇；卷四冗贅之處均刪去，緊要者則作為《上海繁昌記》卷三之附錄。卷一有上海交界里數、租界（居留地）、馬路（馬車道）、陰溝（下水）、陰井（用水）、大橋、道旁樹木、租界例禁（居留地布告）、上海城隍、神誕日、武聖宮（關帝廟）、邑廟東西園、也是園、徐氏未園、徐家匯花園、外國花園、外國花卉、法華牡丹、春申侯祠、青蓮庵、一粟庵、靜安寺、龍華寺、紅廟、城隍會（鎮守祭）、茅山會、盂蘭盆會、蘭花會、菊花會、賽花會（盆栽會）、水龍會、賽跑馬（競馬）、賽跑船跑人、江海關（運上所）、製造局、會審公堂、會捕局、廣方言館（洋學校）、博物院、牛痘局（種痘局）、善堂、放生羊、放生黿、工部局、巡捕房（屯署）、申報館（新聞社）、客棧（旅人宿）、萬國公報、格致彙編、西曆（太陽曆）、禮拜（日曜日）、房捐

（區費）、保險（非常請合）、棉花生日、救生輪舟、房價（家賃）、教習英語文字、救食生洋煙、輪船招局（蒸氣會社）、新報館（雜報）、號頭（番地札）、大自鳴鐘（大時計）、午正炮、火警鐘（半鐘）、洋水龍（唧筒）、馬車、腳踏車（自轉車）、東洋車（人力車）、小車、灑水車、垃圾車；卷二有書畫家、箋扇、照相（寫真）、油畫、時事衣履、提金爐（滅金）、電報、搭輪船、外國訟師、巡捕（巡查）、包打聽（探索方）、康白度買辦（番頭）、細崽（小使）、露天通事、仙人看香頭、流氓、拆梢黨豆腐黨、放白鴿、姘頭搭腳、臺基、白螞蟻、女薦頭（雇人請宿）、野雞、挑水夫（水屋）、車夫、籠槓（持込人足）、掉包、剪絡白撞、轎行（駕篭屋）、舢板（走毛船）、外國秤尺、各貨聚市、公估局（銀行）、匯劃莊票（為換手形）、豆規平色（銀相場）、插息貼新貼現（步合）、拍賣（即叫貨、糶賣）、掮客（仲買）、京貨、洋廣貨物、花布（木綿地）、寶珍膏、痧藥、針線機器、各式機器、外國酒店、外國菜館（西洋料理店）、酒館（附各館著名食品）、茶館、煙館、廣東茶館、青樓二十六則、盆湯、戲園（芝居）、外國戲園（西洋芝居）、外國馬戲（西洋曲馬）、外國戲術（西洋手品）、外國影戲（西洋寫繪）、東洋戲法（日本輕業）、焰火（花火）、粵東珍禽、長人矮人（大男小人）、鬥鵪鶉、白鴿票發財票（富興行）、火輪車路（鐵道）、呂宋煙、雕翎扇、書畫燈、百靈臺（食盤）、菊花山、煤氣燈（瓦斯）、火油燈、千人震、救命肚帶氣褥氣墊、百蟲掛屏（蟲細工）、玻璃器皿、古玩（骨董）、籐器、自來風扇、城中食水、呵嚙水檸檬水、水蜜桃、羊城瓜果、外國藥材；卷三有洋涇浜序、冶遊自悔文、題煙樓鬼趣圖、洋場四詠、滬北十景（選八首）、申江雜詠百首（選二十一首）；附錄有合約各國、駐滬各國領事官銜、書畫名家、中外商賈完稅章程、；輪船沿海里程、輪船長江路程、輪船馬頭（附開輪日期）、各洋行輪船、招商局輪船、英法公司輪船。

　　是記初刻本為日本明治十一年（1878）五月稻田佐吉之和刻本。此本據以石印，上海博物館圖書館所藏本為石印三百部之第二百四十三部。

　　《上海方志資料考錄》著錄。

　　有影印本，收入《近代中國史料叢刊三編》第 42 輯，文海出版社，1988年出版。未見整理本。

　　除上海博物館圖書館外，上海圖書館、臺灣大學圖書館、日本國會圖書館、宮城縣圖書館、立命館大學圖書館、美國斯坦福大學圖書館等收藏。

七、上海小志

（一）民國鉛印本上海小志　807.2 / 219

〔民國〕《上海小志》十卷，胡祥翰輯。民國十九年（1930）上海傳經堂書店鉛印本。1冊。半葉10行，行28字。首有民國十九年十一月胡適序、胡祥翰自序、總目。

胡祥翰，字寄凡，安徽績溪人，生於上海。編《金陵勝蹟志》、《西湖新志》及《補遺》等。

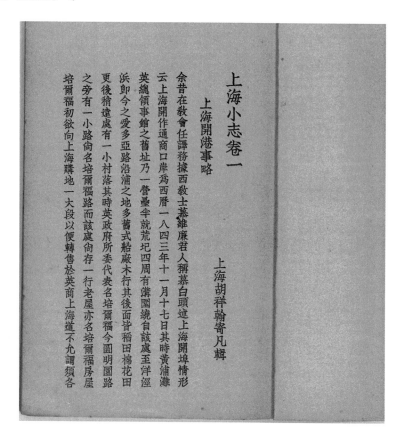

胡適序曰：「『賢者識。其大者，不賢者識其小者。』這兩句話真是中國史學的大仇敵。什麼是大的，什麼是小的，很少人能夠正確回答這兩個問題。朝代的興亡，君主的廢立，經年的戰事，這些『大事』，在我們的眼裏漸漸變成『小事』，或者一句女子『躡利屣』這種事實，在我們眼裏比楚漢戰爭重要的多了。因為從這些字句上，可以引起許多有關係時代生活的問題，究竟漢朝的奴隸生活是什麼樣子的，究竟『利屣』是不是女子纏腳的起源，這

種問題關係無數人民的生活狀態，關係整個時代的文明的性質，所以在人類
文化史上是有重大意義的史料。然而古代文人往往不屑記載這種刮刮叫的大
事，故一部二十四史的絕大部分只是廢話而已。將來的史家還得靠那『識小』
的不賢者一時高興記下來的一點點材料。方志是歷史的一個重要門類，正史
不屑『識其小者』，故方志也不屑記載小事，各地的志書往往有的是不正確的
輿圖、模糊的建置沿革、官樣文章的田賦戶口、連篇累牘的名宦列女，然而
一地方的生活狀態、經濟來源、民族遷徙、方音異態、風俗演變、教育狀況這
些問題，都不在尋常修志局的範圍之中，也都不是修志先生的眼光能力所能
及。故汗牛充棟的省、府、縣志，都不能供給我們一些真正可信的文化史料。
修史修志的先生們若不能打破『不賢者識其小者』的謬見，他們的史乘方志
是不值得看的。試看古來最有史料價值的活志乘，哪一部不是發願記載纖細
屑瑣的書？一部《洛陽伽藍記》所記，只是一些佛寺的興廢，然而兩個世紀
的北朝文物，一個大宗教的規模與權勢，一個時代的信仰與藝術，都藉此留
下一個極可信的紀錄了。《東京夢華錄》、《都城紀勝》、《夢粱錄》、《武林舊事》
所紀都極細碎，然而兩宋的兩京文化、人民生活、藝術演變，都活現於這幾
部書之中，將來的史家重寫宋史，必然把這幾部書看作絕可寶貴的史料。楊
衒之、孟元老諸人，他們自願居於『識小』之流，甘心撿拾大方家所忽略拋棄
的細小事實，他們敢於為『賢者』所不屑為，只這一點精神便可使他們的書
歷久遠而更貴重。我的族叔胡寄凡先生喜歡遊覽，留心掌故，曾作西湖、金
陵兩地的志，讀者稱為便利。他現在又作了一部《上海小志》，因為我和他都
是生在上海的，所以他要我寫一篇小序。我在病榻上匆匆翻看他的書，覺得
他的決心『識小』是很可佩服的，但他的初稿還不夠『小』，其中關於沿革、
交通等等門類，皆是『賢者』所憂為，大可不勞我們自甘不賢的人的手筆。凡
此種識小的書，題目越小越好，同時工夫也得越精越好。俞理初記纏足與樂
籍兩篇最可供我們取法。寄凡先生既決心作『識小』的大事業，不如擇定一
些米米小的問題，遍考百年來的載籍，作精密的歷史研究，如上海妓院的沿
革，如上海戲園百年史，如城隍會的小史，皆是絕好的小題目。試舉戲園一
題為例，若用六十年的《申報》所登每日戲目作底子，更廣考同時人的記載，
訪問生存的老優伶與老看戲者，遍考各時代的戲園歷史與戲子事實，更比較
各時代最流行何種戲劇與何種戲子，如此做法，方可算是有意義的識小的著
作。此種識小其實真是識大也。即使不能如此，即使有人能夠出《申報》六十

年的上海逐日戲目，也可成為一部有意義的史料書。狂妄之見如此，寄凡先生以為何如？十九、十一、十三，胡適。」

胡祥翰自序曰：「或謂：『子志上海，稱之曰小，其義何居？』曰：『上海一縣，範圍亦廣，餘則僅載城郊而不及四鄉，此區域志小也。上海為我國第一商港，在在與國內國外息息相通，論其地位，何其大也？而餘則僅載縣志所不收之各項瑣屑之事，雖間有涉及內政外交，均非正文，此事務之小也。橫覽如此，縱觀如彼，雖曰不謂之小，得乎？』客始恍然若有所許，遂錄此作為余之小序。胡祥翰。」

是志共十卷，記開埠後上海社會、文化、生活之情狀，均為縣志所不載者，頗具史料價值，惟其中史實多有不確者。卷一上海開港事略；卷二市政，有警察、消防、水道、路燈、賽馬場五目；卷三交通，有鐵道、航業、車輛、電信、電話、郵政六目；卷四文化，有書業、日報（小報、畫報附）二目；卷五舊跡；卷六生活；卷七梨園，附坤班、男女合班、新劇、馬戲、西劇、影劇；卷八妓僚，附書寓、書場、日本茶社、西妓院；卷九酒肆，附茶僚、煙館；卷十雜記。

《中國地方志聯合目錄》、《中國地方志總目提要》著錄；《中國古籍總目》著錄，惟所著錄館藏地遺漏上海博物館；《上海地方志簡目》、《上海方志資料考錄》、《上海方志提要》、《上海方志通考》著錄。

有吳健熙標點本，收入「上海灘與上海人」叢書，上海古籍出版社，1989年出版。

除上海博物館圖書館外，上海圖書館、南京圖書館、浙江圖書館、北京大學圖書館、華東師範大學圖書館、中山大學圖書館、西北大學圖書館、華中師範大學圖書館、中央黨校圖書館等收藏。

第三節　方志相關資料

設局修志，殊非易事。縱無時局之擾、人事之煩與經費之困，亦需聘得良史，為之董理規劃，採文訪獻，考訂纂輯，去取折衷，而後方可蒇功。採訪之前，需為之制訂細則；修成之後，或有學者為之商榷補正。如此種種資料，對於研究方志編纂過程，甚為重要；於今人纂修志書，亦有借鑒意義。

上海博物館圖書館藏方志相關資料六種，其中有修纂新志之條例，有修志備採之資料，亦有補正已修方志之著作。

一、嘉慶上海縣志修例

（一）清嘉慶刻本嘉慶上海縣志修例　807.2 / 235

《嘉慶上海縣志修例》不分卷，清陸慶循纂。清嘉慶二十一年（1816）刻本。1 冊。半葉 9 行，行 21 字，小字雙行同。白口，左右雙邊，單魚尾。版心上鐫「嘉慶上海縣志修例」，下鐫頁碼。書高 24.7 釐米，卷 15.6 釐米，框高 18.6 釐米，寬 11.7 釐米。有牌記「嘉慶上海縣志修例／丙子孟春虛室校刻」。首有陸慶循識，末有擬目。後又附第二十葉補遺一葉。

陸慶循，字抱生，又作葆身，號秀農，上海人，監生，錫熊長子。方略館議敘州同知，通判銜。

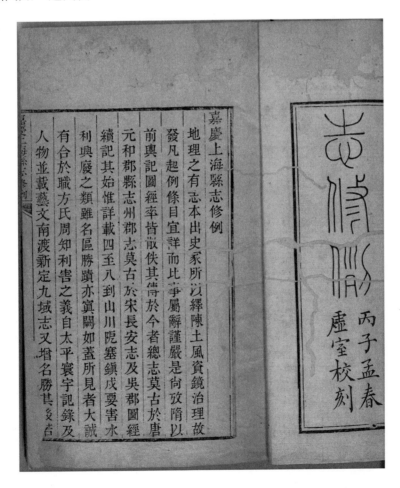

陸慶循識曰：「地理之有志，本出史家所以繹陳土風，資鏡治理，故發凡起例，條目宜詳，而比事屬辭，謹嚴是尚。考隋以前輿記、圖經，率皆散佚。

其傳於今者,總志莫古於唐《元和郡縣志》,州郡志莫古於宋《長安志》及《吳郡圖經續記》。其始惟詳載四至八到、山川扼塞、鎮戍要害、水利興廢之類,雖名區勝蹟,亦置闕如。蓋所見者大,誠有合於職方氏周知利害之義。自《太平寰宇記》錄及人物,並載藝文;南渡新定《九域志》,又增名勝。其後若嘉泰會稽、寶慶四明、景定建康、咸淳臨安之屬,條例遂漸紛繁,然其擷錄淹貫,文章雅潔,故博而有要,尚不失為善本焉。元明以來,務為假借誇飾,以侈風土。而如至元嘉禾、大德昌國等志,猶見典核,世盛推者尤在,康海之武功、韓邦靖之朝邑,簡練精確,實具史裁,然皆可傳而不可學。《上海縣志》始於郭經,(先是,洪武間,顧或創稿未就,此在弘治十七年,纂之者唐錦、朱曜。)一修於鄭洛書,(在嘉靖三年,纂之者高企。),再修於顏洪範,(在萬曆十六年,時已分青浦,纂之者張象並黃炎等六人。)三修於國朝史彩,(在康熙二十二年,時無主纂,曹垂燦等七人為之。)四修於李文耀,(在乾隆十五年,時已分南匯,設局曹氏五晦園中。葉承等為之,談起行以山長附名,虛稱主纂。)五修於范廷傑,(在乾隆四十八年,設局喬氏園,亦無主纂。雖沈崇勳、瞿華、劉爾榮諸人執筆採訪,皆得自為所列續修參閱姓氏,半皆未寓目者。)郭、鄭兩志今皆未見,存者顏志為最古,大約規模府志,其書雖未盡純要,尚整肅。自後愈修而愈不得當,徒益篇章,漫無考證,至范志而遂繁蕪不可向邇。(志之無徵,尚始於史志,蓋其時上溯顏志,已九十二年,故其凡例謂老成既已凋謝,故家又無藏書,反藉府志以為稿本。郭志於往事頗疏,明末及、國初人物未經纂錄,無可援據,蓋亦自知舛漏。今檢其書,沿革無表,繪圖不知開方計里之法,且無市舶司等圖,水道不辨吳淞江、黃浦原委,不載潮候,賦役繁而不核,官司不表巡檢,武科不表舉人,兵燹、祥異事多脫略,官署、寺觀、冢墓不稽舊跡,不考舊碑,鄉飲賓不詳其人,名宦、鄉賢、忠義等祠崇祀諸公不盡有傳,藝文不符《明史·藝文志》與今文淵閣所著錄,金石不著本末,而傳之失考尤難殫述。承訛襲謬,悉數之不能終。)今嘉慶十有七年,李農部林松以府志興修,特請王明府及於縣志重訂章程,取法康、韓,以訂向來謬妄。讀原議四十則,並開局各事宜,實具不可一世之概。夫作史之難,莫難於志。曩侍先子京邸正編纂《四庫全書》之時,因得與覽地理各書,知宋元以來諸本為例,原屬不一,要以文直事核,徵引博而敍述簡,即為名志。今作志者非冗濫失實,漫無體例,即詭稱高簡,以自文其不學。二者厥弊惟均,白華師謂府州縣志,不第於國史、一統志異,即省志亦不同。

（康熙中，頒《河南通志》於天下以為式，亦云省志與一統志有別，蓋宜詳宜略，各有其法也。）以四方之志而上擬金匱石室之藏，是之謂僭。昔人論修志，或書籍不備，或諮訪無實，或司事多雜，或嚴限相迫，（或謂遲久恐廩糈難繼，不知人少而功專，有何經費之足患？）四者有一，不能善事。茲竟無一或講，亦不欲一講，意不在書，固然其無足怪，是當以至公至明之心，存其難其慎之意，期於應無盡無、應有盡有，庶幾羅願所云不同計薄，何乃好自用而無所取材，陷於矯枉過正之失，乖乎適俗隨時之義，蹈劉知幾所譏。竊不自量，緬昔趨庭時所指授，準諸史例，參以地志成法，並覈其地與時，酌擬纂例若干條，就正當世。後之修志，或有所取，雖然，此其大略也，神而明之，則存乎其人。時嘉慶乙亥先立夏三日，陸慶循識。」

是修例准以各史、志之例，參照宋元諸志，並結合上海縣志實際情況，列縣志修例 48 條，以匡李林松修志例之不逮，又附縣志擬目於後。惟李志未及採入，而後同治《上海縣志》纂修時有所採擇。周中孚謂：「其說亦未嘗非持之有故，言之成理也。」〔註7〕

《上海方志資料考錄》、《上海方志提要》著錄。《中國古籍總目》未著錄。

未見影印本及整理本。

除上海博物館圖書館外，復旦大學圖書館等收藏。

二、同治上海縣志札記

（一）清光緒鉛印本同治上海縣志札記　807.2／233

《同治上海縣志札記》六卷，秦榮光撰。清光緒二十八年（1902）鉛印本。6冊。半葉12行，行33字，小字雙行同。白口，四周雙邊，單魚尾。版心上記「同治上海縣志札記」，中記卷次及頁碼，下記印刷廠。前2冊由松江振華德記印書館印，後4冊由松江新華印刷公司代印。書高20.3釐米，寬13釐米，框高16.7釐米，寬11釐米。版心題名「上海縣志札記」。首有清光緒二十八年正月葉昌熾序。

秦榮光（1841～1904），字炳如，上海人，貢生。撰《補晉書藝文志》、《光緒南匯縣志札記》、《養真堂集》、《新樂府》、《上海縣竹枝詞》、《陳行竹枝詞》等，輯《梓鄉文獻錄》、《梓鄉雜錄》等。

葉昌熾序曰：「世傳王文恪《姑蘇志》、楊君謙開卷即拈姑蘇二字，謂新

〔註7〕周中孚：《鄭堂讀書記補逸》，第377頁。

志不當用古地名。然謙撰《吳邑志》，明制稱縣不稱邑，齊固失矣，楚亦未為得也。竊謂文章者，天下之公器，況夫方志之學，出於古史官，觀政者將於此諮故實，覽風俗，作者非一手，成之非一時，本非一家一人之學，山川道里之遠近，田賦則壤之高下，建置形勝之大略，職官氏族之舊聞，關於民生之利病，禮經之舉墜，差以毫釐，謬以千里。前賢草創之，後賢討論而潤色之，又從而缺者補之，訛者訂之，庶幾文獻有徵而可以傳信於將來，不其美歟？上海之有志，自明洪武顧彧始。嘉慶間，李林松農部書甫成，邑人陸太學慶循即撰《修例》一卷，以是正之。今邑明經秦君炳如復為《札記》若干卷，以糾同治新志之失，明經長、次兩子皆及余門，其長君研詒中翰又同官京師，出其稿見示。余受而讀之，簽識塗乙，句釽字析，蓋已三易稿矣。每發一疑，渙然冰釋；每舉一證，碻然皆有所根據。其犖犖大者，如以晉裴秀《繪圖六法》訂古今縣圖之失，則與新化鄒氏《報請畺里圖》之說闇合；以戶版宜詳載，而譏李農部舊志以疏略為高簡，則與會稽章氏之說闇合。明朝邑、武功兩志，世稱善本，然可也簡。孔子曰：『文獻不足故也，足，則吾能征之矣。』簡云何哉？章實齋、鄒叔修皆志學專家，閉門造車，出門合轍，則明經用心之勤，才學識之卓絕，其亦可知也已？新志創修於應敏齋觀察。書成，陳臬至蘇，屬亡友柳孝廉質卿、管明經操養理董之，先師馮林一宮允實總其成，昌熾時與管、柳兩君同寓校邠廬，師友商榷，陳書考索，至今軒軒然，猶在心目。觀明經此書，益知古人幾塵風葉之喻為不誣，又知越境問俗，不若桑梓之見聞為真切也。惜故人往矣。秦君之書具在，不能起九原而質之，竊不禁懷舊之感矣。光緒二十八年歲在壬寅正月，長洲葉昌熾序。」

是記為糾正〔同治〕《上海縣志》之誤而作，「計考訂參引百九十四條，補正二百十一條，內容精審周詳」〔註8〕。卷一為〔同治〕《上海縣志》卷一至七之札記，卷二為〔同治〕《上海縣志》卷八至十四之札記；卷三為〔同治〕《上海縣志》卷十五至十七之札記，卷四為〔同治〕《上海縣志》卷十八至十九至札記，卷五為〔同治〕《上海縣志》卷二十至二十六之札記，卷六為〔同治〕《上海縣志》卷二十七至三十二之札記。

《中國地方志聯合目錄》、《中國地方志總目提要》著錄；《中國古籍總目》著錄，惟館藏地遺漏上海博物館；《上海方志資料考錄》、《上海方志提要》著錄。各家著錄於題名皆奪「同治」二字。

〔註8〕金恩輝、胡述兆主編：《中國地方志總目提要》，第9-16頁。

　　有陳正青整理本，收入《上海府縣舊志叢書‧上海縣輯》，上海古籍出版社，2015 年出版。

　　除上海博物館圖書館外，中國國家圖書館、上海圖書館、南京圖書館、浙江省圖書館、天津圖書館、山東省圖書館、湖北省圖書館、遼寧省圖書館、復旦大學圖書館、華東師範大學圖書館、中國科學院圖書館等收藏。

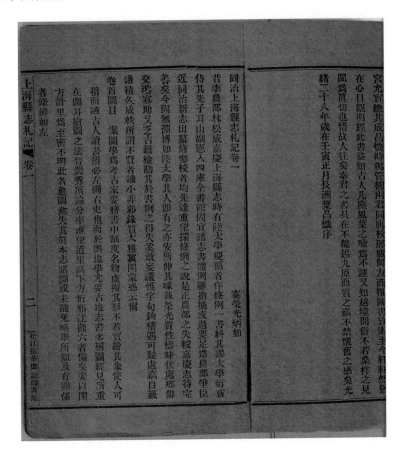

三、王家芝先生寶山縣志重修採訪所得資料

　　（一）稿本王家芝先生寶山縣志重修採訪所得資料不分卷　　807.2 / 250

　　《王家芝先生寶山縣志重修採訪所得資料》不分卷，王德乾集藏。稿本。1 冊。書高 26.5 釐米，寬 16 釐米。首有修志局所刊採訪條例。末有 1965 年 12 月王德乾題識。鈐「槐蔭書屋」白文方印、「王德乾印」白文方印、「惕時」朱文方印、「德乾曾經過眼」朱文方印。

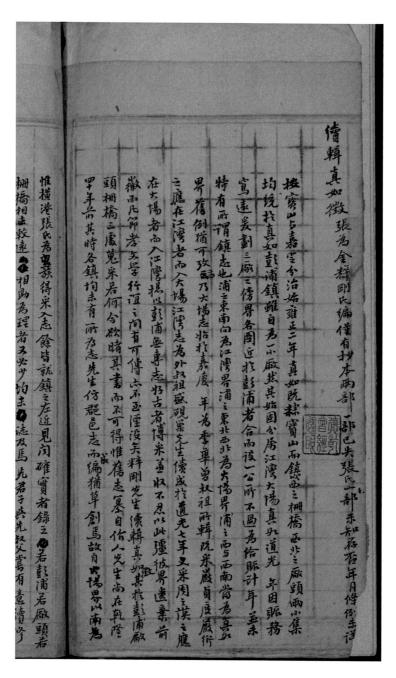

　　王家芝先生曾受聘為寶山縣修志採訪員，是件為其採訪所得資料，以人物傳記資料為主，不分門目。「所輯資料自清同治二年（1863）至光緒四年（1878），前有侯錫恩《志識》，內存家芝、錫恩及陸毓岐、洪兆甲、大場周爾錯之間關於修志信函十三封，摘錄已佚的《江灣志》、《大場志》、嚴典《廠頭

鎮志》及《賓雲館雜記》等地方文獻中的資料，彌足珍貴。」〔註9〕其中筆跡不一，當由數人所錄。是件中浮簽、圈點批校甚多，當屬草稿。

是件內封頁王德乾題「王德乾捐贈地方志及有關資料十二種之四」。末王德乾識語曰：「王家芝，字秀甫，號眉叔，明相國太倉文肅公裔孫，而余之先祖父也，《寶山縣續志》「德義門」有傳。明社既屋，清軍略江南，順治二年七月屠嘉定，吾始遷祖應隆公（一名應龍）自嘉城虎口餘生，避地真如，以竹藝為生，遂宅而不返。清雍正三年，嘉、寶分治，真如屬寶山縣轄境。光緒間，邑志社局重修，先祖父預其役，此冊採訪所得之資料也。時遷世異，屢經兵燹，並當時局刊之《採訪條例》，猶得保存如故，所謂似有神物呵護之者，非歟？余輯《真如志》（先是，成《桃溪志》八卷），據以為藍本者，此其一也。先人手澤，久而彌光，豈僅一人一家之幸哉？今並同所藏刊本乾隆三十六年陸價人先生所輯之《真如里志》、稿本不著編者姓氏及成書年月之《真如里人物彙編》、稿本同治七年錢梅君先生所輯之《廠頭鎮志》，及乾隆年刊《寶山縣志》、光緒年刊《寶山縣志》等共十二種，捐贈上海市文物保管委員會，敬書數語於端，以明是書之所自來，亦以見當事諸公其辛勞為何如。夫昔之志乘，不過顛倒黑白，為財勢者張目。及今不能批判其謬，反從而激厲之，蹈襲之，能無百世之譏乎？公元一九六五年十二月，王德乾惕時識於槐蔭書屋。」鈐「王德乾印」白文方印、「惕時」朱文方印。

是件中有一頁德乾父守餘手澤，糾正舊志之「王裕昌」當作「王祐昌」者，係德乾黏入，並有識曰：「先君子所撰邑乘訪稿，抗戰播遷，遍索不獲此紙手筆也。偶得之，珍逾拱璧。黏附於此，以存麟爪。王德乾惕時識，一九六五年十二月。」鈐「王德乾印」白文方印、「惕時」朱文方印。

《中國地方志總目提要》著錄。未見影印本及整理本。

上海博物館圖書館收藏。

四、寶山縣真如鄉修志文件五種

（一）寶山縣真如鄉修志文件五種不分卷　807.2 / 252

《寶山縣真如鄉修志文件五種》不分卷，王德乾集藏。前三種油印本，後兩種稿本。1冊。半葉8行，行21字。版心記目名。書高29釐米，寬15.3釐米。內有文件五種：一、重修寶山各市鄉里志規程、概要、細則，二、名譽

〔註 9〕金恩輝、胡述兆主編：《中國地方志總目提要》，第 9-33 頁。

採訪王守餘先生聘書，三、真如鄉里志採訪條例，四、真如鄉里志採訪條例補遺，五、真如鄉里志擬目。末有王德乾題識。

　　是件內封頁王德乾題「王德乾捐贈地方志及有關資料十二種之十二」。每種卷端葉鈐「惕時曾經過眼」朱文方印，卷末鈐「槐蔭書屋珍藏」白文方印。

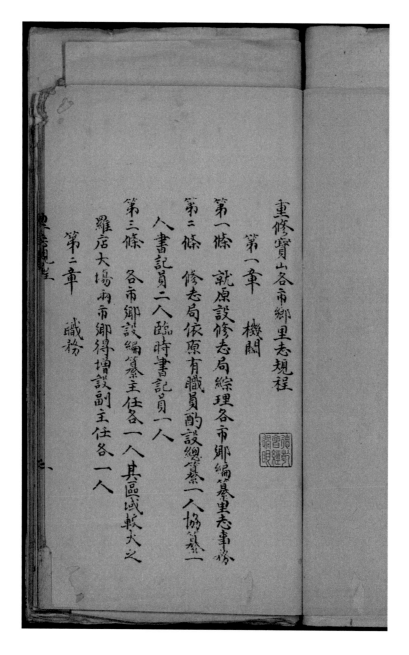

王德乾識曰：「謹按：此均先嚴遺物，而余所集藏者也。據先嚴云，鄉志因故並未成書，不獨真如為然。所得資料，耦樵先生已據以輯入《真如里志》。又按：先嚴歿於民國二十六年歲丁丑，年五十五。《真如里志》『王行余』條下附傳當刪，以時尚健在故也。公元一九六五年十二月，王德乾惕時識。」鈐「王德乾印」白文方印、「惕時」朱文方印。

未見著錄，亦未見影印本及整理本。

上海博物館圖書館收藏。

五、續修寶山縣志案牘

（一）民國鉛印本續修寶山縣志案牘不分卷　　807.2 / 251

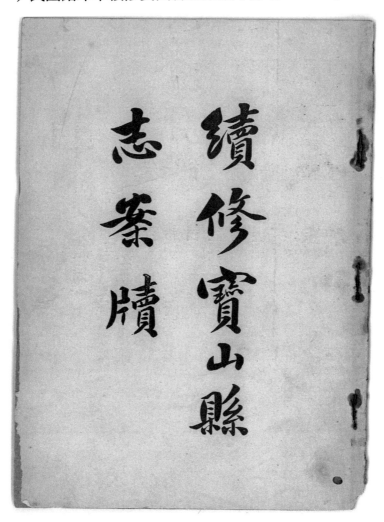

　　《續修寶山縣志案牘》不分卷卷，佚名編。民國鉛印本。1 冊。半葉 11 行，行 30 字，小字雙行同。

　　是牘內有縣知事公署訓令市鄉經董聯合會文、市鄉經董聯合會呈縣文（附指令）、縣知事呈省廳道文、縣知事公署訓令市鄉經董聯合會文、縣公署致本局公函、續修寶山縣志修正規程、寶山縣修志局採訪細則、寶山縣修志局調查細則、寶山縣修志局纂修細則、寶山縣修志局辦事細則、寶山縣續志擬目，前附寶山縣修志局廣告二條。

　　續修寶山縣志，自清光緒八年起，至民國六年止。《案牘》中諸細則於瞭解〔民國〕《寶山縣續志》修纂過程頗有參考價值，於後人部署修志亦有借鑒意義。《案牘》擬目有十七志九十二目，與〔民國〕《寶山縣續志》相較，志次不盡相同，分目亦略有差異。

　　是牘卷端葉王德乾題「王德乾捐贈地方志及有關資料十二種之十」，鈐「王德乾惕時印」朱文長方印。又鈐有「王德乾印」朱文方印、「槐蔭書屋珍藏」白文方印。末有王德乾識語曰：「此真如王守餘先生字瓶如遺物。民國《寶山縣續志》之纂修，設局於民國六年四月，先生佐錢、甘二君採訪，撰《邑乘訪稿》。王德乾識，公元一九六五年十二月。」鈐「王德乾印」白文方印、「惕時」朱文方印。

　　未見著錄，亦未見影印本及整理本。

　　上海博物館圖書館收藏。

六、纂修續志通例、卷目專例

（一）民國油印本纂修續志通例一卷卷目專例一卷　807.2 / 208

　　《纂修續志通例》一卷《卷目專例》一卷，佚名撰。民國油印本。1 冊。半葉 8 行，行 20 字。版心上記卷名，下記頁碼。書高 25.4 釐米，寬 15.1 釐米。

　　《通例》凡十六則，為修續志凡例而作。《卷目專例》列十七條，有輿地志第一、水利志第二、營繕志第三、財賦志第四、禮俗志第五、教育志第六、兵防志第七、警務志第八、交通志第九、實業志第十、救恤志第十一、職官志第十二、選舉志第十三、人物志第十四、藝文志第十五、名勝志第十六、雜志第十七，係依照續志卷次而作。

　　是例內封題「王德乾捐贈地方志及有關資料十二種之十一」。末有王德乾識。《通例》卷端鈐「德乾曾經過眼」朱文方印，《卷目專例》卷端鈐「王德乾

印」白文方印、「惕時」朱文方印，卷末鈐「槐蔭書屋珍藏」白文方印。

　　王德乾識曰：「此王守餘先生字瓶如遺物。修志時，先生佐錢君玉如、甘君鴻逵採訪真如故實，鉅細靡遺，撰《邑乘訪稿》。既而重修鄉志，知縣張聘為名譽採訪員。《邑乘訪稿》未刊，佚，惜哉！王德乾識，公元一九六五年十二月。」鈐「王德乾印」白文方印、「惕時」朱文方印。

　　王守餘（1883～1937），字瓶如，寶山人，曾任真如區市政委員，王德乾父。精通醫學，究心寶山及真如方志，著《知難軒詩文集》、《知難軒醫案》等。

　　未見著錄，亦未見影印本及整理本。

　　上海博物館圖書館收藏。

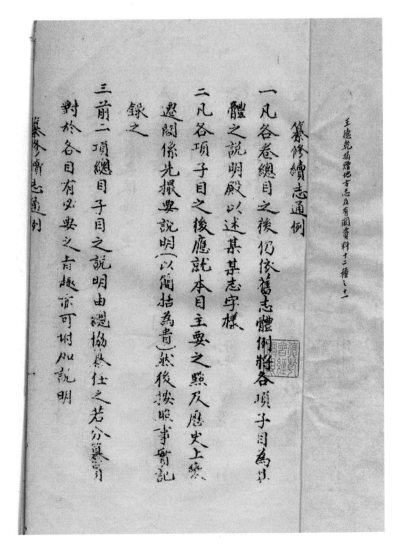

人名索引

一、修纂者

參考文獻

一、目錄、提要類著作

1. 朱士嘉編：《中國地方志綜錄》（增訂本），北京：商務印書館，1958 年。

2. 中國科學院北京天文臺主編：《中國地方志聯合目錄》，北京：中華書局，1985 年。

3. 金恩輝、胡述兆主編：《中國地方志總目提要》，臺北：漢美圖書有限公司，1996 年。

4. 華東師範大學圖書館編：《華東師範大學方志目錄》，油印本，1959 年。

5. 上海市文物保管委員會輯：《上海地方志物產資料匯輯・上海地方志簡目》，北京：中華書局，1961 年。

6. 中國科學院圖書館編：《中國科學院圖書館館藏地方志目錄》，油印本，1976 年。

7. 南京博物院編：《南京博物院地方志目錄》，油印本，1977 年。

8. 中國古籍善本書目編委會編：《中國古籍善本書目》（史部），上海：上海古籍出版社，1993 年。

9. 中國古籍總目編纂委員會編：《中國古籍總目》（史部），北京：中華書局、上海：上海古籍出版社，2009 年。

10. 「中央」圖書館編：《臺灣公藏方志聯合目錄》，臺北：正中書局，1957 年。

11. （日）山根幸夫編：《日本現存明代地方志目錄》（增訂本），東京：東洋文庫，1971 年。

12. 朱士嘉編：《美國國會圖書館藏中國方志目錄》，北京：中華書局，1989年。

13. 上海師範大學圖書館編：《上海方志資料考錄》，上海：上海書店出版社，1987年。

14. 上海地方志辦公室編：《上海方志提要》，上海：上海社會科學院出版社，2005年。

15. 陳金林、徐恭時：《上海方志通考》，上海：上海辭書出版社，2007年。

16. 李堅、劉波編著：《美國哈佛大學哈佛燕京圖書館藏善本方志書志》，北京：國家圖書館出版社，2015年。

二、古籍整理類著作

1. 上海市地方志辦公室編：《上海鄉鎮舊志叢書》，上海：上海社會科學院出版社，2004～2006年。

2. 上海市地方志辦公室、上海市奉賢區人民政府地方志辦公室編：《上海府縣舊志叢書·奉賢縣卷》，上海：上海古籍出版社，2009年。

3. 上海市地方志辦公室編、上海市南匯區地方志辦公室編：《上海府縣舊志叢書·南匯縣卷》，上海：上海古籍出版社，2009年。

4. 上海市地方志辦公室、上海市崇明縣檔案局編：《上海府縣舊志叢書·崇明縣卷》，上海：上海古籍出版社，2009年。

5. 上海市地方志辦公室編、上海市松江區地方志辦公室編：《上海府縣舊志叢書·松江府卷》，上海：上海古籍出版社，2011年。

6. 上海市地方志辦公室、上海市松江區地方志辦公室編：《上海府縣舊志叢書·松江縣卷》，上海：上海古籍出版社，2011年。

7. 上海市地方志辦公室、上海市浦東新區地方志辦公室編編：《上海府縣舊志叢書·川沙縣卷》，上海：上海古籍出版社，2011年。

8. 上海市地方志辦公室、上海市嘉定區地方志辦公室編：《上海府縣舊志叢書·嘉定縣卷》，上海：上海古籍出版社，2012年。

9. 上海市地方志辦公室編、上海市寶山區地方志辦公室編：《上海府縣舊志叢書·寶山縣卷》，上海：上海古籍出版社，2012年。

10. 上海市地方志辦公室、上海市青浦區地方志辦公室編編：《上海府縣舊志叢書·青浦縣卷》，上海：上海古籍出版社，2014年。

11. 上海市地方志辦公室、上海市金山區地方志辦公室編:《上海府縣舊志叢書·金山縣卷》,上海:上海古籍出版社,2014 年。

12. 上海市地方志辦公室、上海市閔行區地方志辦公室編:《上海府縣舊志叢書·上海縣卷》,上海:上海古籍出版社,2015 年。

三、研究類著作

1. 瞿宣穎:《方志考稿》甲集,北平:北平天春書社,1930 年。

2. 傅振倫:《中國方志學通論》,上海:商務印書館,1935 年。

3. (清)周中孚:《鄭堂讀書記》,北京:商務印書館,1958 年。

4. (清)周中孚:《鄭堂讀書記補逸》,北京:商務印書館,1958 年。

5. 上海通志編纂委員會編:《上海通志》,上海:上海人民出版社、上海:上海社會科學院出版社,2005 年。

6. 倉修良:《方志學通論》(增訂本),上海:華東師範大學出版社,2014 年。